心一堂當代術數文庫　星命類

紫微斗數登堂心得：三星秘訣篇

——潘國森斗數教程（二）

潘國森　著

Śūnyatā

書名：紫微斗數登堂心得：三星秘訣篇——潘國森斗數教程（二）
系列：心一堂當代術數文庫・星命類
作者：潘國森
責任編輯：心一堂當代術數文庫編輯室

出版：心一堂有限公司
通訊地址：香港九龍旺角彌敦道610號荷李活商業中心十八樓05-06室
深港讀者服務中心：中國深圳市羅湖區立新路六號羅湖商業大厦負一層008室
電話號碼：(852) 67150840
網址：publish.sunyata.cc
電郵：sunyatabook@gmail.com
網店：http://book.sunyata.cc
淘宝店地址：https://shop210782774.taobao.com
微店地址：https://weidian.com/s/1212826297
臉書：https://www.facebook.com/sunyatabook
讀者論壇：http://bbs.sunyata.cc

版次：二零一八年七月初版

平裝

定價：港幣　一百六十八元正
新台幣　六百七十元正

國際書號　978-988-8316-92-2

香港發行：香港聯合書刊物流有限公司
香港新界大埔汀麗路36號中華商務印刷大廈3樓
電話號碼：(852)2150-2100　傳真號碼：(852)2407-3062
電郵：info@suplogistics.com.hk

台灣發行：秀威資訊科技股份有限公司
地址：台灣台北市內湖區瑞光路七十六巷六十五號一樓
電話號碼：+886-2-2796-3638　傳真號碼：+886-2-2796-1377
網絡書店：www.bodbooks.com.tw
台灣國家書店讀者服務中心：
地址：台灣台北市中山區二〇九號1樓
電話號碼：+886-2-2518-0207
傳真號碼：+886-2-2518-0778
網址：www.govbooks.com.tw

中國大陸發行 零售：深圳心一堂文化傳播有限公司
地址：深圳市羅湖區立新路六號羅湖商業大厦負一層008室
電話號碼：(86)0755-82224934

心一堂微店二維碼

心一堂淘寶店二維碼

目錄

斗數基礎的「兩盤」、「三星」（代序一）

紫微斗數這門中國傳統算命術數，自上世紀八十年代以來，成為社會上流行的「顯學」。究其原因，相信是在於命盤各宮反映人生不同方面的運勢比較容易理解。例如當事人與父母的關係看父母宮；進財運看財帛宮等等，都可以按圖索驥，少有爭議，用家稱便。

另一方面，紫微斗數之難學，則主要在於要掌握非常大量的資訊。

單以星系格局的總數而論，紫微入十二宮都派生出其餘十一宮不同星系的結構，十二乘十二，共是一百四十四個基本星系結構。如果稍為歸納簡化，將「正反盤」合二為一（即是紫微在子宮獨坐與在午宮獨坐，合併為紫微在子午宮獨坐等等），仍有七十二個基本結構之多。

然後是這七十二個結構入十二宮（這裡指「命身六親」的十二宮，包括命、父母、福德等十二宮，而不是「十二地支」的十二宮，即子丑寅卯等）又各有變化。共是一百四十四乘十二，等於一千七百二十八個組合了。

有時在命宮成為大格的星系，入於六親宮位時未必同樣吉利。再加上四化星、六吉祿馬、四煞空劫，以至數十顆雜曜的影響和轉化，要綜合研判才能夠推斷出吉凶休咎，自然令人眼花瞭亂。

十二宮星系組合已有大量資訊和錯綜複雜的配搭要記住，還要再加上大運流年的飛星組合。

如果學而不得其法，結果便是許多人研習紫微斗數多年，仍然常有拿著命盤而有不知從何入手之嘆。若是永遠只停留在粗看原命盤十二宮的吉凶，未能進而分析大運流年的順逆，則無論上了幾多課、學了幾多年，仍是未能入門，更遑論登堂入室了！

學習紫微斗數的捷徑，筆者歸納為必須先弄通「兩盤」和「三星」的概念。

先是「起盤」。

初學斗數必須明白，絕對不能完全依賴電腦起盤，否則終生不得入門！

基本要求是可以但憑當事人的性別和出生年、月、日、時（要用出生地的夏曆實時），就可以用一紙一筆起出命盤，辦法可以參考本書前作《潘國森斗數教程（一）：入門篇》。退而求其次，則仍需能夠排出十四正曜、六吉祿馬、四煞空劫等二十八曜和四化星。

十四正曜是紫微、天府、天相、武曲、七殺、破軍、貪狼、廉貞；太陽、太陰、天同、天梁、天機和巨門。

六吉是左輔右弼、天魁天鉞、文昌文曲。祿馬是祿存、天馬。四煞是火星、鈴星、擎羊、陀羅。空劫是地空、地劫。四化星是化祿、化權、化科、化忌。

「起盤」的第一步要能夠先做到這個水平，當然日後還需要儘快達到連雜曜的起例都能夠完全掌握。

「起盤」的第二個層面，是能夠按照大運、流年的干支，起出相關大運、流年的「飛星」。包括流四化，流魁鉞、昌曲、祿馬、羊陀等十二流曜。沒有這個能力就談不上有效的推算。

必須要真正熟習「起盤」之後，才可以借用電腦起盤來節省時間。切記、切記！

然後是「記盤」。

「記盤」是要求能夠記得剛粗略看過而未能完全掌握吉凶的命盤。這是為了便利學習，初學者如果未能有效記盤，就很難有進境。

要記些什麼？

「記盤」的基礎是「起盤」，必先掌握了人手「起盤」，然後才有可能「記盤」。

初學者遇上有「趣味」的命盤，認為需要重點學習，就要「記盤」。應要自問以下幾個問題。

這個盤的命宮在子丑寅卯何宮？

正曜是十四正曜中何曜？

如無正曜，則借對宮遷移宮何曜？

十干四化為何？

然後還須再加記生月（記左輔右弼在何宮）或生時（記文昌文曲在何宮），就可以按照命盤的起例，重組整個命盤。請注意，記盤無需記熟當事人的出生年、月、日、時，用命宮星系、四化，再加生月或生時即可。

此外，用命身宮加四化亦可，因為命身宮所在的宮位已確定了單一的生月和生時組合！

至於生日反而不甚重要，只影響三台八座、恩光天貴兩對雜曜（可參考《潘國森斗數教程（一）：入門篇》的附錄）。

然後是「三星」。

先是「借星」。

「借星」是斗數推算的一大秘訣，有些術者完全不用借星安宮，有些門派不承認有借星，那麼富貴貧賤的命就不易分別出來了。

紫微在寅申宮時，十二宮都有正曜，完全無須借星安宮。

紫微在巳亥宮時，則有四個空宮，借星最多，計為太陽巨門、太陰天同、天機天梁、武曲貪狼四組。其餘紫微在另外八宮（子午、丑未、卯酉、辰戌），都是只有兩個空宮。

正曜須要借星安宮時，同宮的十四助曜（及雜曜）都一起借，六吉星同借會令更多宮位受益，四煞星同借又會令更多宮位受累。

其次是「對星」。

十四正曜中有四組對星，即天府天相、貪狼廉貞、太陽太陰、天同天梁。十四助曜則是七組對星，即左輔右弼、天魁天鉞、文昌文曲、祿存天馬；火星鈴星、擎羊陀羅、地空地劫。前三組合稱六吉星，某個宮位的三方四正若見六吉星不成對，則六吉星的力量減等，甚至轉化為不利性質。例如左輔右弼只見一顆，最壞的情況是助力變為阻力；天魁天鉞只見一顆，最壞的情況是貴人變為小人；文昌文曲只見一顆，最壞的情況是聰明變為斯文敗類。六吉星成單星，又經常會轉化為桃花，此又不可不知。許多雜曜（主要是貴吉雜曜）要對星同會才有力，只見單星則無力，甚至可以不理。

還有是「配星」。

第一個層次是正曜與正曜之間的配合。當中還要細分，原命盤上要講究三方四正的組合；還有是大運流年的喜忌。例如破軍喜天梁、天同喜七殺等竅訣都白紙黑字記載在經典古籍裡。

第二個層次是正曜與十四助曜和諸雜曜的配合。例如紫微特別喜見左輔右弼，破軍特別不喜見文昌文曲等等。

第三個層次是助曜之間的配合。例如四煞星同宮的情況，火星擎羊同宮或鈴星陀羅同宮，較大機會成為好的結構；鈴星擎羊同宮或火星陀羅同宮就必定是差劣的結構。

正曜與助曜、雜曜間的不同喜忌，有點像人世間的「人夾人緣」。星曜雖多，要記亦不難。

比如說一本大部頭的小說，重要人物和配角動輒過百數，讀者用心細讀，不難記住人物之間的關係，二者性質相近，可以借鑑。例如讀《三國演義》，記心好的讀者當知劉備集團中的關羽可以接受趙雲、馬超，卻看不起黃忠；關羽還跟曹操集團的大將張遼、徐晃私交甚篤；對孫權則非常輕視。孫權集團中，凌統予甘寧有殺父之仇；周瑜忌憚劉營的諸葛亮（小說家言，非歷史事實）、魯肅則視諸葛亮為好友。

本作題為《紫微斗數登堂心得：三星秘訣篇》，副題為《潘國森斗數教程（二）》，讀者宜與心一堂已出版的《潘國森斗數教程（一）：入門篇》、《斗數詳批蔣介石》並讀，當可以較短時間，掌握紫微斗數論命的基礎法門，為進階、登堂、入室奠定穩固基礎。

最後要感謝「內部特訓班」的同學，細心校閱本書初稿，以及搜集「某女士」過去的經歷，作為第七章實務推算的重要材料。

南海潘國森謹識

二零一八年戊戌仲夏

從張開卷一九四九年在香港出版的《斗數命理新篇》看近代紫微斗數之發展（代序二）

從一九四九年張開卷在香港成立「香港紫微斗數命理研究社」以及出版《斗數命理新篇》，推廣其改良的現代化「紫微斗數」，到明年二零一九年剛好是七十周年。近幾十年來現代的「紫微斗數」深受其影響。上世紀八十年代中葉以後，紫微斗數這門在當時相對冷門的算命術數，在極短時間成為「顯學」，後來甚至可以說凡有華人聚居處即有人談斗數，筆者躬逢其會，也加入了這股大潮流。後來連不會算斗數的人都知有所謂「殺破狼」，「殺破狼」這個斗數術語還融入流行文化之中，又「殺」、又「狼」，還有破壞的「破」，頗有廣闊的想像和發揮空間。本書希望繼承七十年前香港斗數鼻祖張開卷對「紫微斗數」研究、改良、現代化的精神，結集出版，延續斗數傳奇。

前幾年重新發表關於紫微斗數的論述，因為是相隔二十年後「重出江湖」，便間有讀者朋友對筆者的門派師承甚有興趣，這個以前講過，還可以再談談。

傳統儒家經學非常重視師承，古代大儒都不敢公開講任何與師門傳授有所開闢的新說法，而即使有，亦多托古而不願意說明這是自創的新說。或云係偶得前輩高人的秘笈、或云係重新闡揚某位前代宗師的舊說，甚至說成是自家師尊臨終前暗授不錄文字的口訣，故此同門皆不知其法云云。

現在已是二十一世紀，不必墨守古代先賢聖哲的成規。只因筆者的斗數老師明言，筆者在外講斗數時，不可提及其姓氏名號。既是吩咐得清楚明白，執行就很簡單了。老師這番囑咐原因何在，本來不足為外人道，但是追查猜測的朋友既多，倒不如講明其實還可以有兩種解讀。一為筆者於老師所傳，十成功夫學不得一成，為免影響老師名譽，故不可提。二為筆者盡可以講自己的一套，不必受師說所囿，自己發明便自己負責，是則毀譽皆與老師無關。當然，筆者所知並非完全無師自通。故若有一愚之得，都源自老師所授的入門基礎；若言無可采，則是個人問題，學藝未精而已矣。無論如何，筆者的門派師承一概無可奉告便是，請勿再問，問亦不覆。

既談到斗數的發展，不能不提張開卷先生的《斗數命理新篇》，此作堪稱承先啟後，實有重大突破！

近世講紫微斗數，人盡皆知的兩部經典是《紫微斗數全書》和《紫微斗數全集》，但是過去通行的民國時代坊本錯漏百出，心一堂除了刊行兩大經典更早的古刊本，還公開了明抄本《紫微斗數捷覽》①。當世學人有了更早古的珍貴資料，許多長期爭拗不休的舊問題，都可以根據

---

①《紫微斗數捷覽（明刊孤本）[原（彩）色本]附點校本【二冊不分售】》，心一堂，二零一六；《紫微斗數全書（明未清初木刻真本）【原（彩）色本】》，心一堂，二零一七；《紫微斗數全書（虛白盧藏明版清印本）》，心一堂即將出版；三書皆收入《心一堂術數古籍珍本叢刊・星命類・紫微斗數系列》。

新發現的古歌古訣得以迎刃而解。

踏入二十世紀，首先有王裁珊的《斗數宣微》，可說第一次將古籍講述的秘訣予以現代化的整理。王氏遺作《斗數觀測錄》過去鮮為人知，差不多等於失傳，現在都已重刊①。王氏兩書初版相隔超逾十年，當中「十二宮假借拆用」等法，對後來許多斗數流派影響深遠，各自提出許多未見於《全書》和《全集》的新概念。

在八十年代中葉以後，紫微斗數忽然中興，新大潮源頭就在香港。在此之前，較為人所知的經典著作，則有四十年代末張開卷的《斗數命理新篇》②，張著於七十年代在香港和台灣都翻印過，對台灣斗數界影響極之巨大，如將星曜分為甲乙丙丁戊級的新意，影響遍及台灣許多流派。在香港斗數大潮期間，又有原刊於五十年代陸斌兆的《紫微斗數講義》再見天日，當時張著在香港已鮮為人知。張陸兩位大師的力作，都是在香港初刊，所以說香港是二十世紀下半葉重振紫微斗數的重鎮實不為過，這個由香港影響台灣的傳奇，還會繼續下去嗎？

若要細加分析，則在台灣張著影響更大，在香港則陸著被奉若神明。張著可以說是下開

---

① 《斗數宣微【新修訂版】》，心一堂，二零一五；《斗數觀測錄》，心一堂，二零一五；亦輯入《心一堂術數古籍珍本叢刊・星命類・紫微斗數系列》。

② 《斗數命理新篇》，心一堂，二零一八重刊；同樣收入《心一堂術數古籍珍本叢刊・星命類・紫微斗數系列》。

八十年代初台灣斗數熱的功臣，因為《全書》和《全集》兩本古籍的編排和重點，都不容易應用在實務推算祿命之上。

張著提出多個概念，都為後來者沿用，如：

「星名（是）……表記符號」，是紫微斗數為「虛星說」的濫觴。

強調「統計」、「歸納」、「演繹」，則是受到現代西方科學哲學（philosophy of science）影響的痕跡。

還有「命……是先天安排人生的一種自然的潛力」和「環境……是後天的支配人生的一種人為的壓力」，解釋了因何命格相同相近、甚至同年同月同日同時生的人，命運的結果可以截然不同的深層原因。

至於「宿命與星命學是截然兩件事」，更是斬釘截鐵的反對人生宿命之說。

張大師雖然說到「統計」，但是我們今天重讀其書，實不能以現代數理統計糾繩之。我們甚至可以預期，張大師的研究材料，必無詳細統計數據可以拿出來，雖則搜集、整理、歸納必有，而且可能相當豐富。筆者少習理工，相信張大師與及許多後繼名家都沒有用過今天大學生都會的統計學數學工具，如「假設檢驗」（hypothesis testing）和「回歸分析」（regression analysis）等計量方法（quantitative methods）。

張著於一九四九年（己丑）初刊於香港，是二十世紀上半葉承先啟後的斗數壓卷之作，今天我們細閱其表格、內容，與當代流行著述並讀，則可見頗有相通相近之處。不過大師既自許此作為「經著者加以全部徹底改良之一種新的推命技術」，則其細微凹凸之處，與《全書》、《全集》和日後的重要經典著作多有相異之處，吾人亦可理解。如天馬起例從月不從年，五行局入運歲數等都與眾不同。

此書在計算斗數命格組合還有可議之處，著者以六十年、十二月、三十日、十二時計，得出二十五萬九千二百個命局：

$$60 \times 12 \times 30 \times 12 = 259,200$$

可是，張大師不提三台八座、恩光天貴兩對日系雜曜，所以他用的命盤不可能每個月三十日有三十種不同組合。讀者諸君如果能夠掌握安星法則，當知每月初一至三十雖然共三十天（月大三十天，月小則二十九天），其實只會決定紫微落在子丑寅卯等十二宮之何宮，若不考慮三台八座、恩光天貴的影響，便只得十二種日系組合。於是算式當改為：

$$60 \times 12 \times 12 \times 12 = 103,680$$

僅得十萬零三千六百八十個不同命格。

當然這個簡單的算法，還未分陰陽男女之大運順行逆行，所以其實還必須再乘以二。總格局不是五十萬餘，只是二十萬餘而已。

張大師又提過「子平術易學難精」，「子平」即是以日干為身元的四柱八字論命。因為六十甲子循環，共有六十種年，每年十二種月，每月六十種日，每日十三種時，得出：

$$60 \times 12 \times 60 \times 13 = 561,600$$

再加子平命格起大運是按節氣深淺而定交入大運的年歲，不似斗數限定五行局；因此相隔六十年出生而八字相同的人，起運年歲經有異，歲運歷程就可能有細微落差了，絕不似斗數六十年後必定有命格重逢（除非碰上每月的三十日而六十年後該月剛好只得二十九日，才當別論）。

至於陸著除了極可能受到張著影響之外，陸大師也有嶄新的發明，就是在星曜的五行性質之上，再擴充出陰陽的特性。例如《全書》、《全集》和張著都只籠統將紫微、天府列為屬土星曜，到了陸著則再分陰陽，以紫微屬陰土、天府屬陽土。這個發展，可能與陸大師業中醫有極大關係。中醫臟腑學說以脾胃屬土，當中脾為臟屬陰，胃為腑屬陽，當中可能有相當多演繹歸納的功夫隱藏在內。

以內容繁簡而言，我們只可以斷定張著和陸著都只是他們這兩個新斗數學派供初學者用的入門教科書，兩位大師應該還有大量本門絕學未以單行本形式公開刊行。

筆者業餘學習紫微斗數逾三十年，要研習、可研習的項目都大致完成，今後再與「內部特訓班」的同學合作，刊行本教程「入室篇」之後，於紫微斗數的探討，可以劃上一個句號，此後有生之年，要轉為重新學習八字命理為主，或許還會有些紫微斗數與子平合參的小規模探討。不過，於紫微斗數未公開的新發現、新體會，都只會在刊行相關文字之後，才會公開談論。這是因為過去曾經被人侵犯過知識產權，便要留有自我保護的後著和機制。以後都是先出了具有國際書號的實體書作為憑證，那就不怕人家來抄我的斗數心得而反被誣捏為我去抄別人了。

其實筆者在接觸紫微斗數之前，還自學過一點子平，因為早年沒有甚麼進境而擱在一邊。前幾年，有幸得以拜在峨眉臨濟白雲宗第十三代衣缽傳人傅偉中宗師門下，師尊不以筆者年紀已大、根基淺薄為嫌，吩咐筆者要在峨眉八字風水用功研習，只好不自量力、遵從師命了。傅師尊於常人對命運一事的看法，有最簡潔的概括：

> 當談到命運，不同的人有不同的意見。一些人根本不相信它的存在；一些人相信命運但不

① 見傅偉中著《峨眉氣功治療調理藝術》，二零零八，香港，中國文化藝術出版社，頁七四。

相信它是可以改變的；還有一些人不僅相信它的存在，而且還相信它是可以改變的。①

顯然只有當中第三類人，才可與議論命運也！

子平術除了命格總數比紫微斗數多之外，還有另一重大優勢，即是峨眉所傳「改變生命運行程序」的功法。傅師尊多番強調，於改變命運一事，修德的功效大，修法的功效卻快。相比之下，筆者不知道有其他星命學術數有相類相近的法門，或許就是孔子所講：「蓋有之矣，我未知見也！」

不過，紫微斗數仍有其可以與子平互補之處，筆者當然不會完全拋棄超過三十年的習得，只是今後放在星命之學的心力，當會將主力轉移。

潘國森謹識

二零一八年戊戌

清光緒戊戌百日維新

一百二十周年前數日

第一章　命盤全信息（以溥儀為例）

紫微斗數星盤，只在一張紙的十二宮上，寫上百餘個星名，就能反映人一生的運勢。前賢著書立說，多惜墨如金，許多重點都從略，留待後學自行發掘。

現在以中國最後一位皇帝遜清宣統帝愛新覺羅溥儀的斗數盤為例，將命盤包含的資訊和盤托出。

選溥儀的命盤有幾個原因。

首先，他命盤的紫微在申宮，基本結構是十二宮都有正曜，那就不用借星安宮，討論起來比較簡單。

其次，他的命格是火六局，可以順便示範一至五歲童限的流盤的看法。

最後，他是清代諸帝唯一以紫微坐命的例子。

現代人日常用公曆，但是中國算命術用干支紀年，所以要熟悉將公曆年份轉為干支的辦法，亦要懂得計算「虛齡」（可參考本書前作《潘國森斗數教程（一）：入門篇》及《斗數詳批蔣介石》）。

溥儀生於一九零六年二月七日正午，換算為夏曆是丙午年正月十四日午時。

此下一一依圖解說。

圖一：清遜帝愛新覺羅溥儀命盤

<table>
<tr>
<td>太陽
祿存 △地劫 △地空
破碎 三台 天官
天巫 截空
癸巳 子女宮
臨官
亡神 病符 博士</td>
<td>破軍
▲擎羊 子斗
甲午 夫妻宮
帝旺
將星 太歲 力士</td>
<td>天機㊄權
▲火星 天空
乙未 兄弟宮
衰
攀鞍 晦氣 青龍</td>
<td>紫微 天府
天馬
月解 孤辰 封誥
丙申 命宮 身宮
6-15 病
歲驛 喪門 小耗</td>
</tr>
<tr>
<td>武曲
左輔 文昌㊄科 ▲陀羅
寡宿 恩光 鳳閣
年解 截空
壬辰 財帛宮
冠帶
月煞 吊客 官符</td>
<td colspan="2" rowspan="2">一九零六年丙午正月十四日午時
陽男　愛新覺羅溥儀
火六局
命主：破軍
身主：火星</td>
<td>太陰
天鉞 ▲鈴星
天刑 紅鸞 八座
丁酉 父母宮
16-25 死
息神 貫索 將軍</td>
</tr>
<tr>
<td>天同㊄祿
旬空 咸池 天喜
天使 天德
辛卯 疾厄宮
沐浴
咸池 天德 伏兵</td>
<td>貪狼
右弼 文曲
天貴 龍池
華蓋 天月
戊戌 福德宮
26-35 墓
華蓋 官符 奏書</td>
</tr>
<tr>
<td>七殺
蜚廉 天壽 天才
旬空 陰煞
庚寅 遷移宮
長生
指背 白虎 大耗</td>
<td>天梁
天姚 大耗
天傷 龍德
辛丑 友屬宮
56-65 養
天煞 龍德 病符</td>
<td>天相 廉貞㊄忌
天虛 台輔 天福
天廚 天哭
庚子 事業宮
46-55 胎
災煞 歲破 喜神</td>
<td>巨門
天魁
月德 劫煞
己亥 田宅宮
36-45 絕
劫煞 小耗 飛廉</td>
</tr>
</table>

紫微斗數「星盤」共分十二宮，每宮所載的基本信息可參考拙著《潘國森斗數教程（一）：入門篇》。

火六局六歲上運，即一九一一年辛亥，初學者要寫下每一個大運上運的年份，以便大運流年飛星之用。溥儀一生經歷大運如下：

丙申大運，一九一一年辛亥，六歲上運。
丁酉大運，一九二一年辛酉，十六歲轉運。
戊戌大運，一九三一年辛未，二十六歲轉運。
己亥大運，一九四一年辛巳，三十六歲轉運。
庚子大運，一九五一年辛卯，四十六歲轉運。
辛丑大運，一九六一年辛丑，五十六歲轉運。
每運管十年，都是在夏曆大年初一交接。

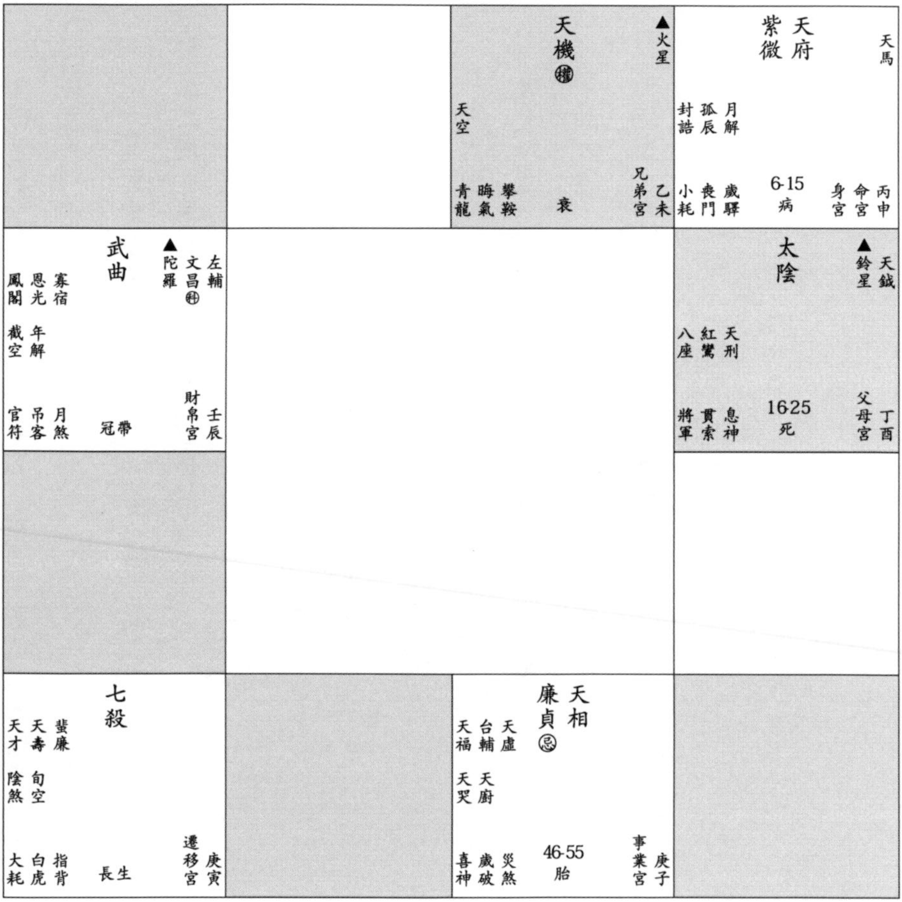

圖二：溥儀命宮三方四正及夾宮

紫微斗數星盤的每一個宮位的吉凶，都要參考「三方四正」（即本宮，加對宮及兩個三合宮，共四個宮），有時還要考慮兩個鄰宮，才可以得出最後結論。

溥儀的命宮在申宮，按照紫微斗數慣用的術語，可以有幾種說明的辦法。最簡略的第一層是只提本宮的正曜：「紫微天府在申宮安命。」其實這樣已經確定了三方四正的正曜。第二層的提法是：「紫微天府對七殺在申宮安命。」即是只提命宮本宮及對宮遷移宮，這也是省略的提法。第三層的提法是：「紫微天府對七殺在申宮安命，三方會廉貞化忌天相及武曲。」第四層的提法是：「紫微天府對七殺在申宮安命，三方會廉貞化忌天相及武曲。天馬同宮，會陀羅、左輔、文昌化科。火星鈴星夾。」

最後這一層除了正曜(包括正曜的四化星)之外 還加了助曜(六吉祿馬 四煞空劫共十四顆)，這樣就點明了六吉星是否出現「對星」並見或只見「單星」的情況。如果前後鄰宮被夾的情況也需要指明。溥儀命宮被火星鈴星相夾，這樣的結構會影響到紫微天府，在推算時必須考慮，所以用語言文字形容時也要提及。現在溥儀命宮的三方四正共見六吉星中的兩顆單星。

紫微天府對七殺，再會照廉貞天相和武曲是正曜的基本結構，其餘四化星、六吉祿馬、四煞空劫會影響、轉化星系的吉凶。此外，各雜曜也有影響，一般在深入分析和撰寫詳細批書時才會全面照顧。

以溥儀命宮為例，屬於「百官朝拱」的天福天壽對星、台輔封誥對星，與及性質不良的孤辰寡宿對星、天虛天哭對星也有影響。

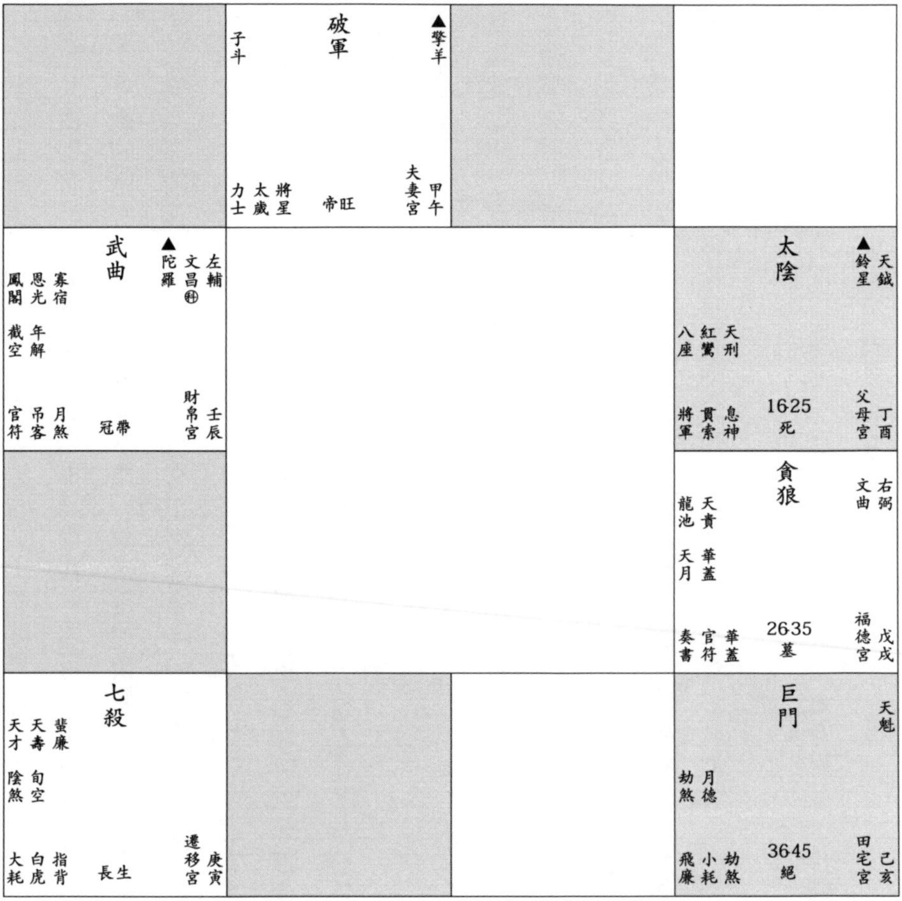

圖三：溥儀福德宮三方四正及夾宮

溥儀的福德宮在戌宮，貪狼對武曲，會七殺、破軍。會齊左輔右弼、文昌化科文曲對星（六吉星不構成單星），擎羊陀羅（雜曜對星從略）。還有不可忽略戌宮剛好被天魁天鉞對星相夾。

紫微斗數論命，以命宮最重要，身宮為輔助補充。簡而言之，命宮主先天，身宮主後天。命宮吉而身宮凶，命格的吉利就要減等。命宮凶而身宮吉，就要按照身宮的情況趨避，以改善實際運程。現在溥儀的命格是命身同宮，所以不必分開來講。

此外，命格的高下也要參考福德宮，因為命身宮反映實際運程，福德宮則反映當事人的福澤、精神生活和智力高低。福德宮對照財帛宮，會照夫妻宮和遷移宮。財帛影響物質生活，夫妻影響感情生活，遷移則影響身體或勞或逸。

溥儀福德宮見百官朝拱，羊陀照射，賦性聰明，一生精神生活尚算安定，只是命局星系偏枯，實際運程不順利。

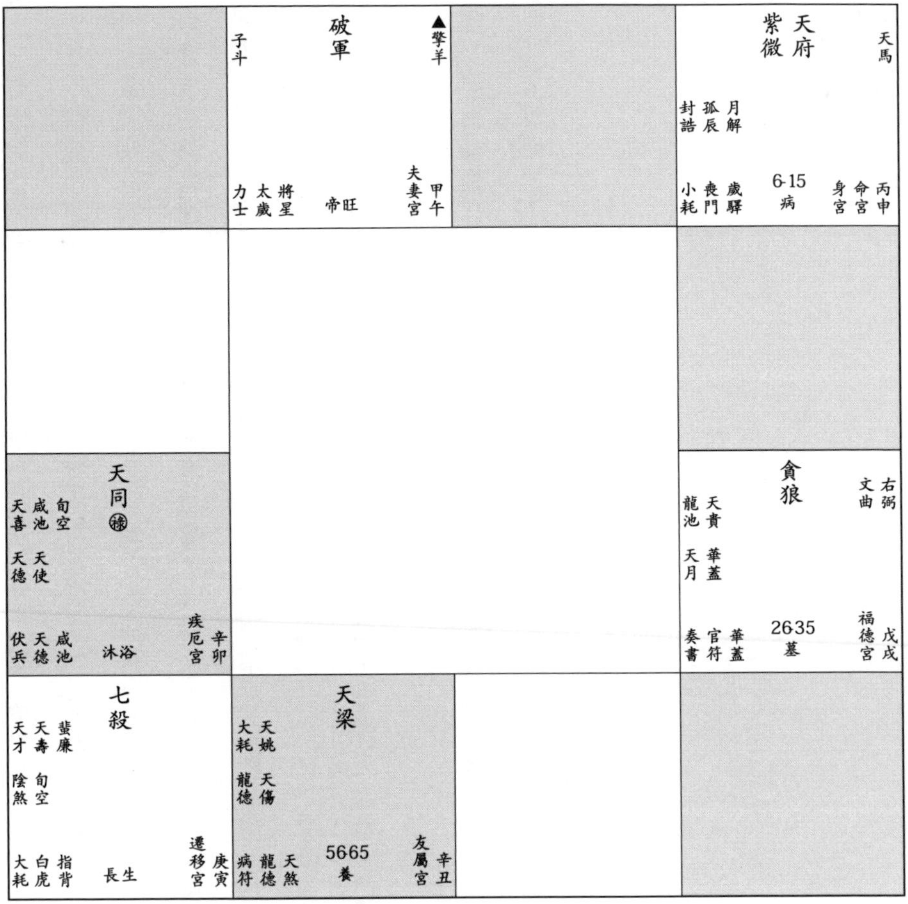

圖四：溥儀遷移宮三方四正及夾宮

溥儀的遷移宮是七殺在寅宮對紫微天府，會破軍、貪狼；右弼、文曲、擎羊。跟命宮一樣，六吉星見兩顆單星。至於兩鄰宮沒有對星或有力的夾宮關係，可以置之不論。有一點仍需注意，火鈴夾紫微天府對七殺也有間接的影響，但是向當事人講解或寫批書時不必每一次都重覆所有細節。

遷移宮顯示當事人遷徙的運程，重點在於是否利於離開出生地發展。古人重土輕遷，俗語有謂：「物離鄉貴，人離鄉賤。」離開出生地必須重新適應環境、工作和人際關係，對當事人的生活當然可以有重大影響。

嚴重交通意外的傾向也可以在命宮或遷移宮反映。

溥儀命宮和遷移宮都見兩顆六吉星的單星，輔助力量大減，在出生地或離開出生地都無多大發展。

遷移宮同時會照福德宮和夫妻宮，離開出生地當然影響到當事人的配偶和精神生活。

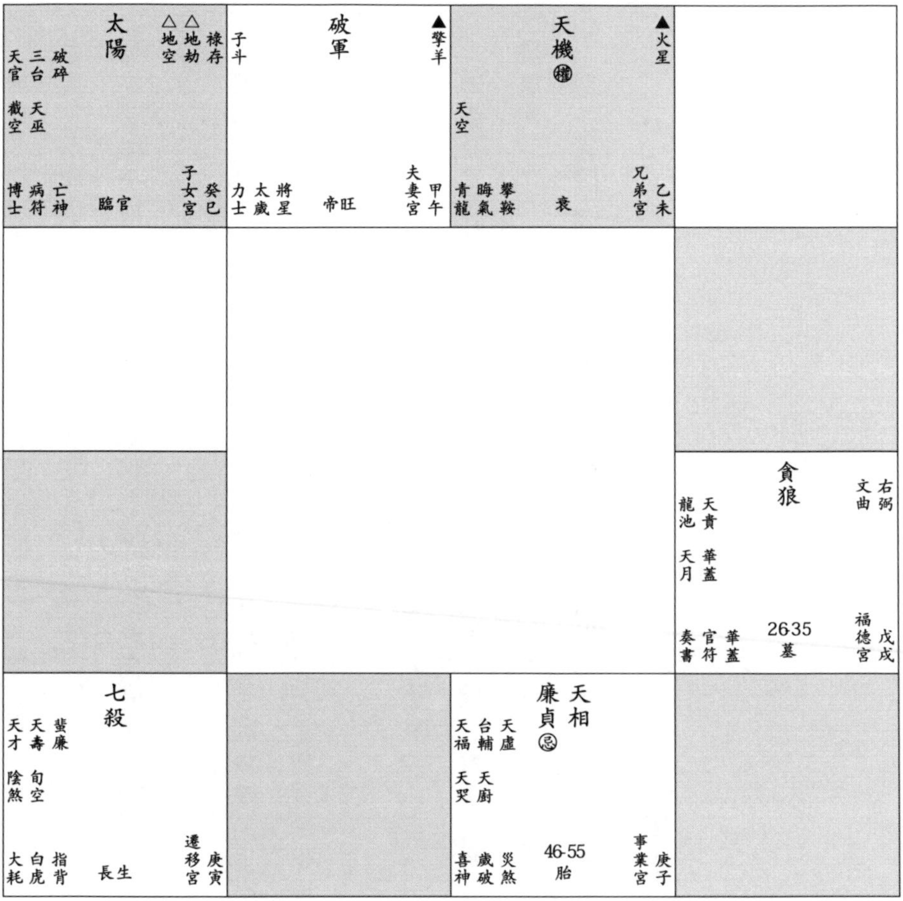

圖五：溥儀夫妻宮三方四正及夾宮

溥儀夫妻宮是破軍擎羊在午宮，對照廉貞化忌天相，七殺、貪狼。又見右弼、文曲單星。夫妻宮反映當事人的戀愛運和婚姻運，戀愛和婚姻又會輾轉影響家庭，關係人生幸福至大。夫妻宮對照事業宮，會照遷移宮和福德宮，當事人的工作、精神生活和遷移都影響到男女關係和婚姻。

當事人的感情生活還需要與命宮和福德宮合參，此又不可不知！

破軍守夫妻宮見擎羊同宮，對宮廉貞化忌，主婚姻多波動而不幸，與配偶感情亦不融洽恩愛。終其一生，先後共娶妻妾五人。

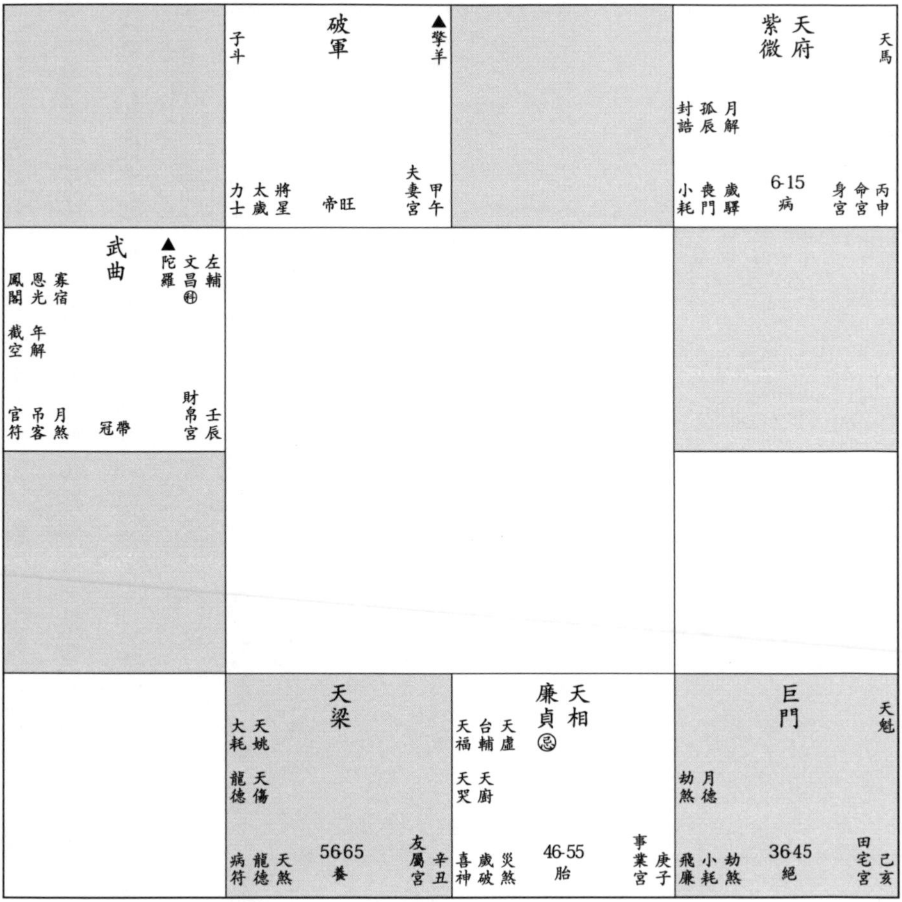

圖六：溥儀事業宮三方四正及夾宮

溥儀事業宮在子宮，廉貞化忌天相，對破軍；會紫微天府、武曲。擎羊陀羅照射，文昌化科、左輔單星。

事業宮與夫妻宮相對，反映配偶和家庭生活可以影響當事人的事業。許多時候人要在家庭與事業之間找到平衡點，家庭既可以妨礙事業發展，反過來說，配偶又每每成為當事人事業上的巨大助力。事業宮又同時在三方會照命宮和財帛宮，說明事業與人的整體運勢和財運相關。

溥儀事業宮廉貞化忌會羊陀，事業發展多阻滯困難。作為一個皇帝，虛有其名，從來未試過執掌實權，可以說是一事無成。

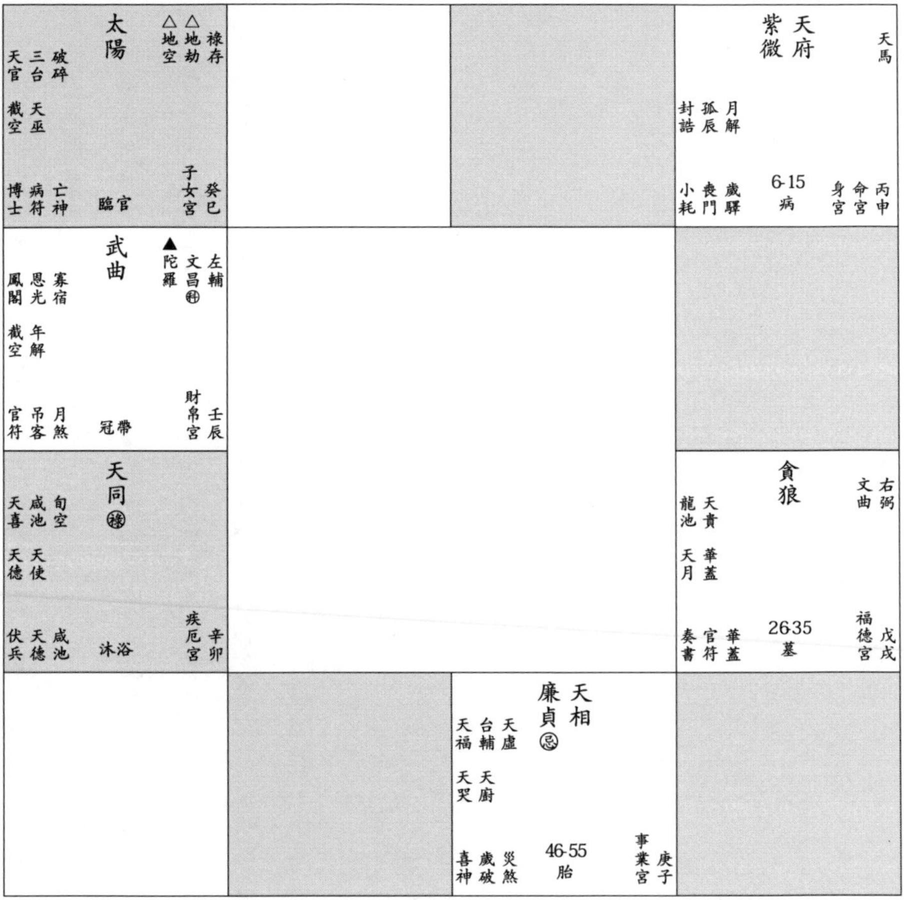

圖七：溥儀財帛宮三方四正及夾宮

溥儀財帛宮武曲在辰對貪狼，會紫微天府、廉貞化忌天相。陀羅同宮，會齊左輔右弼、文昌化科文曲對星。

財帛宮與福德宮相對，關係也密切。兩相比較時，福德宮反映當事人的精神享受，財帛宮則反映物質享受。財帛宮也同時在三合宮會照命宮和事業宮，人的財運與整體運程有關，也跟事業的順逆有關。

溥儀財帛宮武曲財星坐守，因為身份特殊，早年財帛豐足，享用不乏。四十歲後長期作階下之囚，不愁溫飽，只是風光不再。

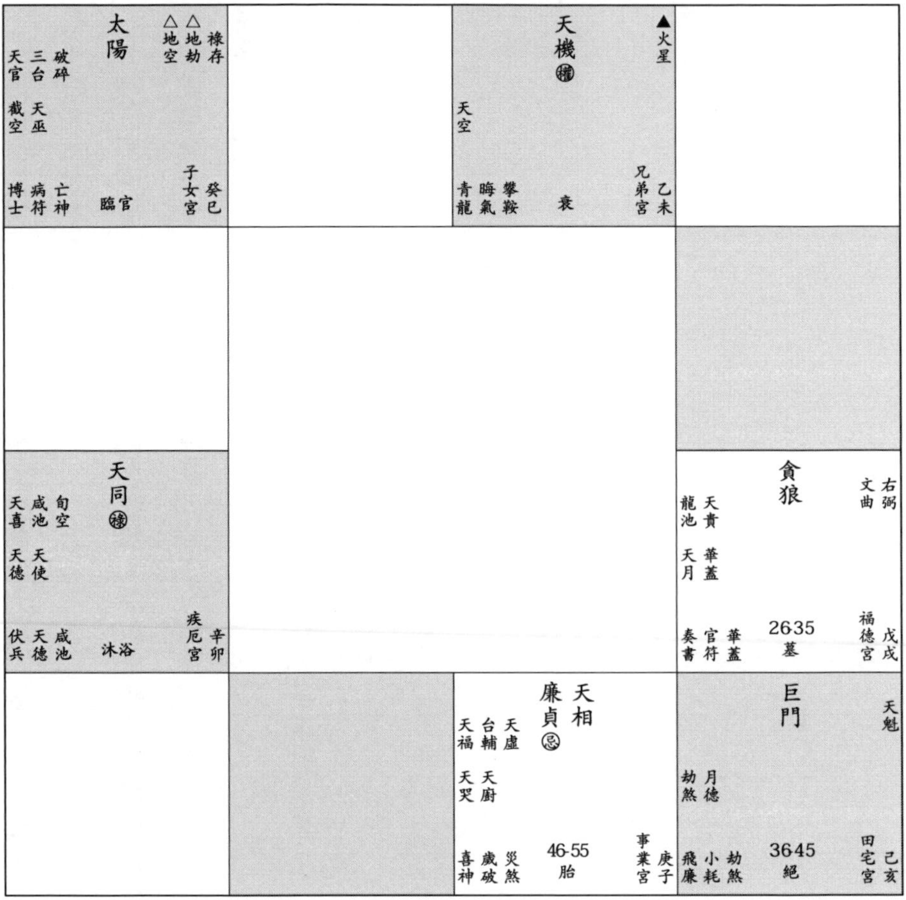

圖八：溥儀田宅宮三方四正及夾宮

溥儀的田宅宮在亥宮，巨門對巳宮太陽，會天同化祿、天機化權；祿存、火星、天魁單星，地空地劫對星。

田宅宮顯示人的家宅運，包括出身貧富，家族關係，居住環境，以至置業的運勢等等。此外，田宅宮又可以反映當事人服務機構和工作處所的情況。

溥儀田宅宮見祿存與化祿為疊祿，出身富貴之家，只是祿存與地空地劫同宮，富貴減等。

田宅宮會照兄弟、子女、疾厄三宮，古人聚族而居，經常出現兄弟都已成家而仍然不分爨的情況，現代人的生活習慣不同，兄弟對家宅運的影響大不如前。

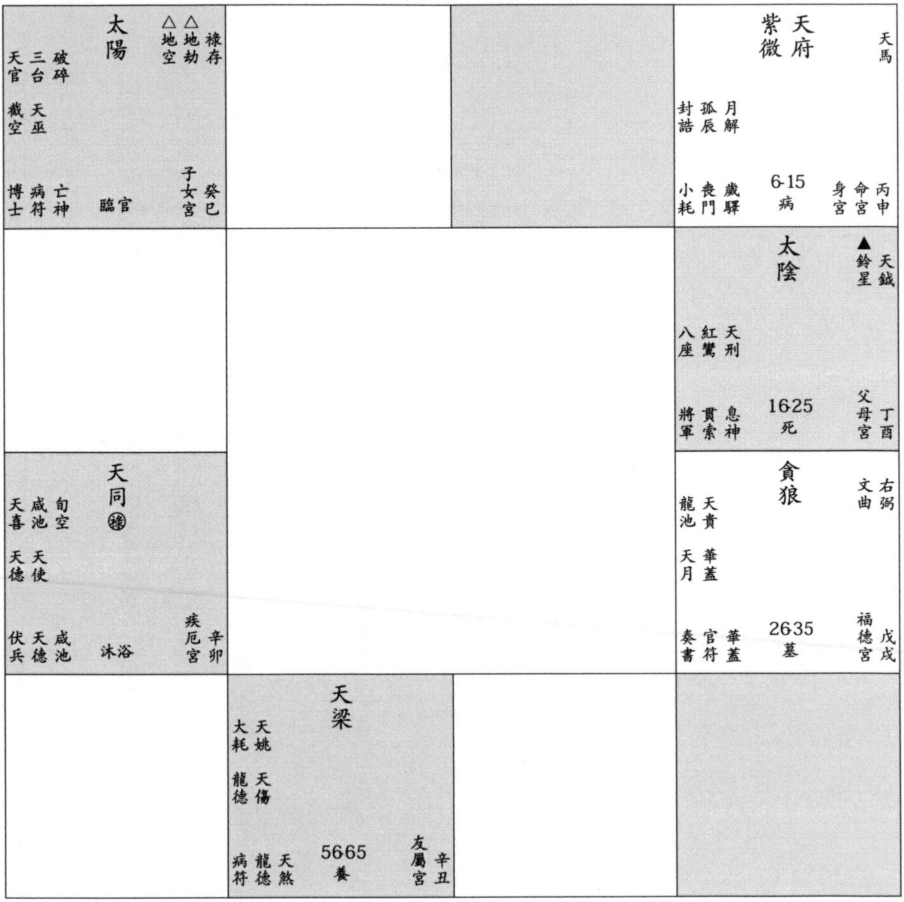

圖九：溥儀父母宮三方四正及夾宮

溥儀父母宮在酉宮，太陰、鈴星、天鉞（單星），對天同化祿，會天梁、太陽，祿存和地空地劫對星。

當事人與父母的關係，必須命宮與父母宮合參，這是重要關鍵，其實所有六親宮位皆然。此外，與父親的緣份要兼視太陽，不管太陽在何宮；與母親的關係則兼視太陰的吉凶，這又是另一要訣！

父母宮也可以反映當事人與「上司」的關係，父母過身之後更然。所謂上司，在受薪者是直轄上司；老闆或獨立經營的專業人士，則以「監管機構」為上司。這時就不必兼視太陽太陰了。

溥儀父母宮有鈴星，常主離家而導致與父母緣薄。實質運程是三歲未上大運前，已過繼同治、光緒兩帝，即所謂「重拜父母」。父親載灃，光緒帝之親弟。

父母宮對照疾厄宮，顯示人的天生秉賦與父母遺傳有關。父母宮、子女宮、友屬宮（古稱奴僕宮）在三方會照，反映「奴僕」與父母、自身和子女三代間的共同關係。

	▲擎羊 破軍 子斗 甲午 夫妻宮 帝旺 將星 太歲 力士	▲火星 天機 (權) 天空 乙未 兄弟宮 衰 攀鞍 晦氣 青龍	天馬 天府 紫微 月解 孤辰 封誥 丙申 命宮 身宮 6-15 病 歲驛 喪門 小耗
天同 (祿) 旬空 咸池 天喜 天使 天德 辛卯 疾厄宮 沐浴 咸池 天德 伏兵			
	天梁 天姚 大耗 天傷 龍德 辛丑 友屬宮 5665 養 天煞 龍德 病符		天魁 巨門 月德 劫煞 己亥 田宅宮 3645 絕 劫煞 小耗 飛廉

圖十：溥儀兄弟宮三方四正及夾宮

溥儀的兄弟宮在未宮，天機化權火星對天梁，會天同化祿，巨門天魁單星。

兄弟宮實在是兄弟姊妹宮的省稱，反映當事人與兄弟姊妹的關係，與看父母宮一樣，兄弟兼看太陽、姊妹兼看太陰。

另一重大要訣是必須命宮、父母宮、兄弟宮合參！道理很簡單，沒有父母，何來兄弟？例如看有沒有同父異母或同母異父的兄弟姊妹，必須先有「兩重父母」的跡象，即是父親或母親有兩重婚姻（包括正式結婚與及同居、通姦等等），然後才有「兩重兄弟姊妹」。

兄弟宮也可以顯示當事人與平輩朋友的關係，包括不同情況下的合作伙伴、同門學習的師兄師弟（現代包括關係密切的同學）等等。這時就不必兼視父母宮了。仍需注意，涉及異性感情關係、情侶關係的合作伙伴，有時要看夫妻宮而不是兄弟宮。

溥儀為嫡長子，共計有三弟七妹，其中一弟三妹為同母所生。

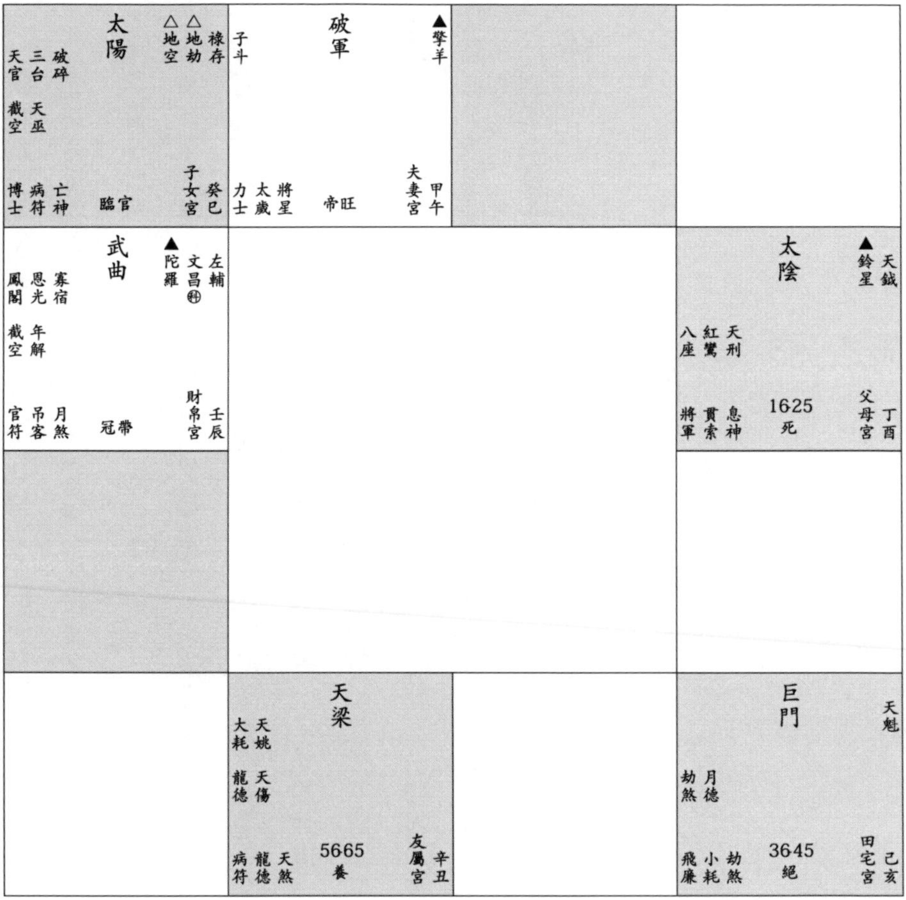

圖十一：溥儀子女宮三方四正及夾宮

溥儀子女宮在巳，太陽，祿存、地空地劫同宮，會巨門、天梁、太陰、天魁天鉞對星。

有夫妻然後有子女，凡看當事人與子女的關係，必須先看命宮和夫妻宮！

此外，子女宮又可以反映當事人與門人弟子的關係，這方面包括工作上帶有師徒關係的下屬，例如要親自教導工作上必須知識技能的下屬之類，這時就不必先看夫妻宮。

溥儀夫妻宮刑剋甚重，與配偶關係差劣，再加上身體健康不佳，所以一生並無子女。

有些出家人的命格子女宮甚佳，單看子女宮似乎子女眾多而得力，但是夫妻宮顯示沒有婚姻關係、沒有夫妻生活，子女宮的好處就只能反映在門人弟子之上。

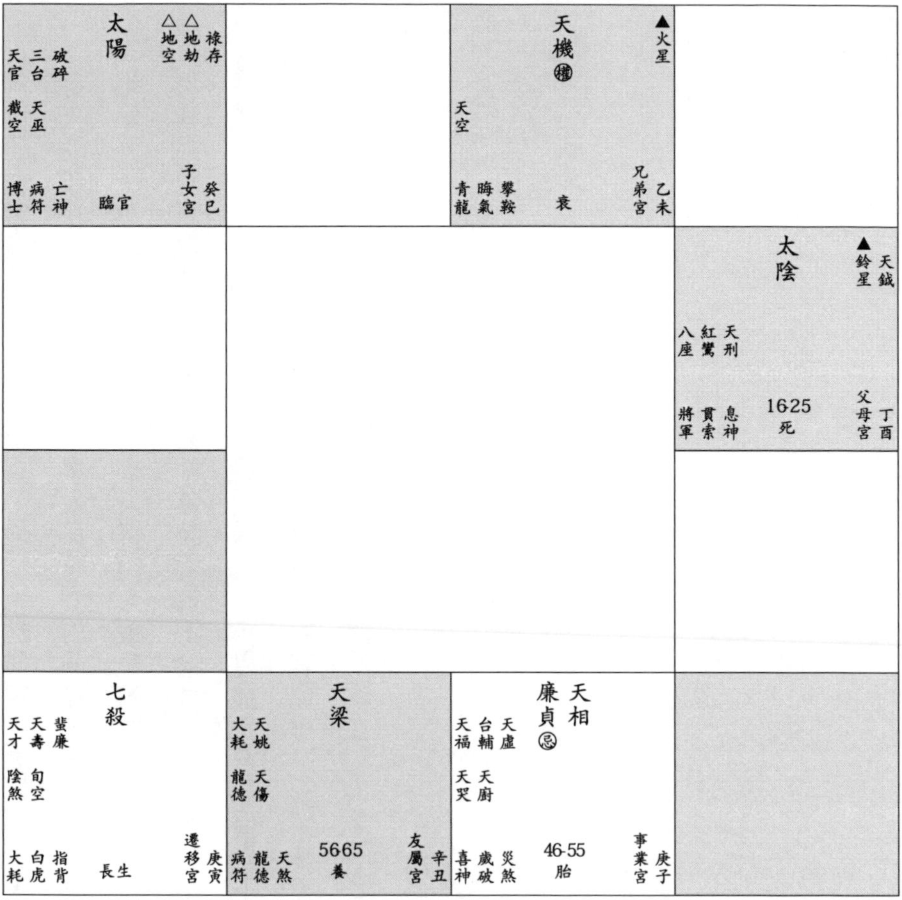

圖十二：溥儀友屬宮三方四正及夾宮

友屬宮古稱奴僕宮，近代前賢改為交友宮，筆者認為改稱友屬宮更貼切，即是涵蓋朋友和下屬之意。

溥儀友屬宮在丑宮，天梁對天機化權，會太陽太陰，再有祿存、火星鈴星對星，地空地劫對星，天鉞單星。煞重主下屬不得力。

		▲火星 天機㊕權 天空 乙未 兄弟宮 衰 攀鞍 晦氣 青龍	
左輔 文昌㊕科 ▲陀羅 武曲 寡宿 恩光 鳳閣 年解 截空 壬辰 財帛宮 冠帶 月煞 吊客 官符			天鉞 ▲鈴星 太陰 天刑 紅鸞 八座 丁酉 父母宮 16-25 死 息神 貫索 將軍
天同㊕祿 旬空 咸池 天喜 天使 天德 辛卯 疾厄宮 沐浴 咸池 天德 伏兵			
七殺 蜚廉 天壽 天才 旬空 陰煞 庚寅 遷移宮 長生 指背 白虎 大耗			天魁 巨門 月德 劫煞 己亥 田宅宮 36-45 絕 劫煞 小耗 飛廉

圖十三：溥儀疾厄宮三方四正及夾宮

溥儀疾厄宮在卯宮，天同化祿對太陰，會巨門、天機化權，火星鈴星對星，天魁天鉞對星，再加紅鸞天喜、咸池、沐浴等桃花星，主腎臟病證。中醫的「腎」還包括生殖器官。溥儀早年性生活縱慾過度，導致成年後出現陽萎證候。

太陽 祿存 △地劫 △地空 癸巳 子女宮 臨官	破軍 ▲擎羊 甲午 夫妻宮 帝旺	天機㊢ ▲火星 乙未 兄弟宮 衰	天府 紫微 天馬 丙申 命宮 身宮 6-15 病
武曲 左輔 文昌㊖ ▲陀羅 壬辰 財帛宮 冠帶			太陰 天鉞 ▲鈴星 丁酉 父母宮 16-25 死
天同㊗ 辛卯 疾厄宮 沐浴			貪狼 右弼 文曲 戊戌 福德宮 26-35 墓
七殺 庚寅 遷移宮 長生	天梁 辛丑 友屬宮 56-65 養	天相 廉貞㊕ 庚子 事業宮 46-55 胎	巨門 天魁 己亥 田宅宮 36-45 絕

圖十四：溥儀簡盤

紫微斗數命盤資訊很多，初學者第一步要學會前述只看某個宮位三方四正的辦法。其次是暫時將各雜曜放在一旁，先熟習推算十四正曜、十四助曜和四化星。即是只集中於簡盤上的主要星曜，待推算能力逐漸提升，才加入雜曜的作用。

這樣比較容易抓緊重點，以便有效入門，絕不是說雜曜不重要。

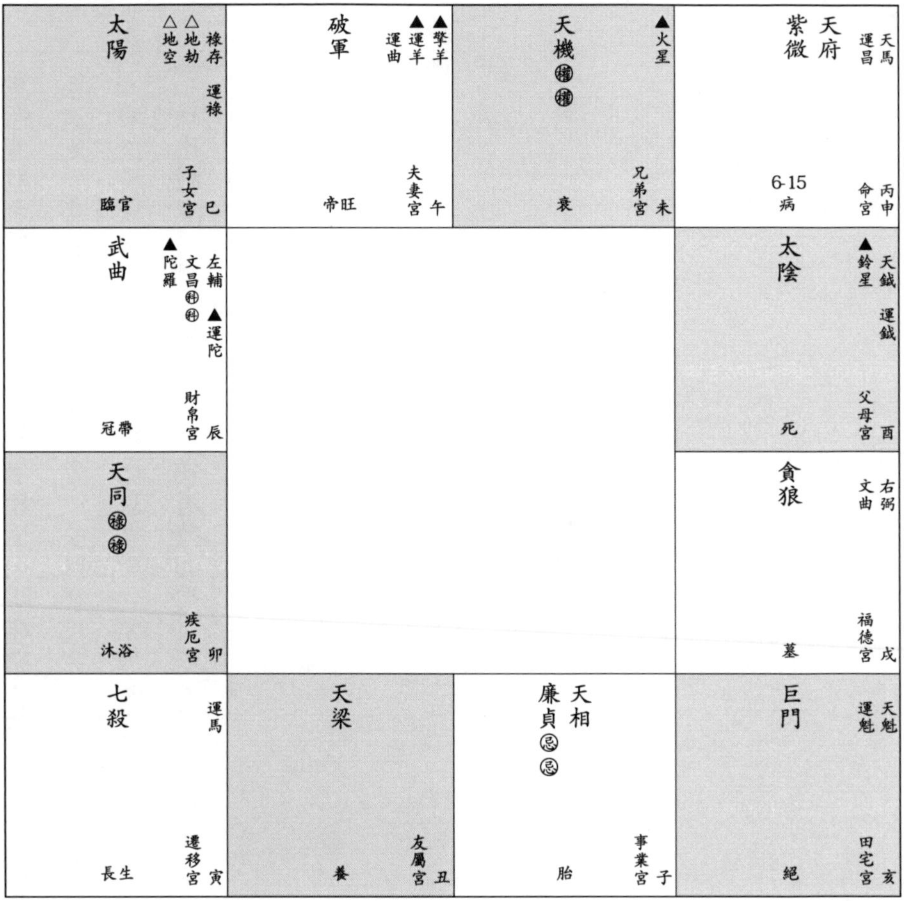

圖十五：丙申大運（六至十五歲）簡盤

推算大運時，還需要在原局出生年之外，添加大運的流四化，即是共為本命與大運共兩套四化。

溥儀第一個大運丙申，洽巧與出生年同干，四化星在生年和大運化兩次，斗數的術語為「雙化」。疾厄宮天同雙化祿，兄弟宮天機雙化權，財帛宮文昌雙化科，事業宮廉貞雙化忌。除四化星外，大運干支還會決定流祿存、流擎羊、流陀羅、流天馬、流天魁、流天鉞、流文昌、流文曲共八流曜。簡稱為「運祿」、「運羊」、「運陀」……「運昌」、「運曲」等。

初學者須注意，大運只有本運的天干和相關歲數有效，其他各宮的天干和歲數無用，所以在此圖刪去，以免混淆。初學者看大運時亦應學會只看相關大運的干支及其掌管的歲數。

丙申大運，以申宮為大運命宮，管溥儀虛齡六至十五歲（一九一一至一九二零）共十年的運程。還要順佈十二宮，因為大運命宮與本命命宮同宮，所以父母、福德等各宮都相同。

圖十六：丁酉大運（十六至廿五歲）簡盤

巳 財帛宮 ▲運陀 運曲 祿存 △地劫 △地空 太陽 臨官	午 子女宮 ▲擎羊 運祿 破軍 帝旺	未 夫妻宮 ▲火星 ▲運羊 天機 權 科 衰	申 兄弟宮 天馬 天府 紫微 病
辰 疾厄宮 左輔 文昌 科 ▲陀羅 武曲 冠帶			丁酉 命宮 天鉞 ▲鈴星 運鉞 運昌 太陰 祿 1625 死
卯 遷移宮 天同 祿 權 沐浴			戌 父母宮 右弼 文曲 貪狼 墓
寅 友屬宮 七殺 長生	丑 事業宮 天梁 養	子 田宅宮 天相 廉貞 忌 胎	亥 福德宮 天魁 運馬 運魁 巨門 忌 絕

溥儀是陽年（由甲丙戊庚壬）生人，是為陽男，陽男陰女大運順行，第二個大運便是丁酉大運，管虛齡十六至廿五歲（一九二一至一九三零）的十年運程。此時酉宮外各宮的天干和掌管的十年都無效，都可以不理。

丁干四化為「陰同機巨」。丙丁兩套四化同時有效，而以丁干四化力量為重。天同在丙干化祿、丁干化權，斗數術語是「天同化祿再化權」。既有化祿的性質，也多了化權的變化。天機則是「天機化權再化科」。

酉宮是原局父母宮，在丁酉大運轉為「大運命宮」，然後順佈十二宮。戌宮是原局福德宮，轉為「大運父母宮」；亥宮是原局田宅宮，轉為「大運福德宮」，餘此類推。這是初學者學會看大運的重大一步！各宮都依次順移一宮。

大運命宮的性質，是本命的「紫微天府」經行「太陰化祿」，須注意太陰原局沒有吉化，走丁運才化祿。當然，這裡指的「紫微天府」和「太陰化祿」都是受了三方四正各正曜、助曜、雜曜綜合影響之後的星系，這裡為免言語累贅而從略。大運父母宮是「太陰」經行「貪狼」；大運福德宮是「貪狼」經行「巨門化忌」。其餘各宮餘此類推。如大運事業宮是「廉貞化忌天相」經行「天梁」。大運遷移宮是「七殺」經行「天同化祿再化權」。

圖十七：戊戌大運（廿六至三十五歲）簡盤

太陽 ㊋ 祿存 △地劫 △地空 運祿 疾厄宮 巳 臨官	破軍 ▲擎羊 ▲運羊 運曲 財帛宮 午 帝旺	天機 ㊒ ㊌ ▲火星 運鉞 子女宮 未 衰	天府 紫微 天馬 運馬 運昌 夫妻宮 申 病
武曲 左輔 文昌㊋ ▲陀羅 ▲運陀 遷移宮 辰 冠帶			太陰 ㊒ 天鉞 ▲鈴星 兄弟宮 酉 死
天同 ㊏ 友屬宮 卯 沐浴			貪狼 ㊏ 右弼 文曲 26-35 戊戌 命宮 墓
七殺 事業宮 寅 長生	天梁 運魁 田宅宮 丑 養	天相 廉貞 ㊌ 福德宮 子 胎	巨門 天魁 父母宮 亥 絕

溥儀第三個大運是戊戌大運，管廿六至三十五歲（一九三一至一九四零）的十年運程。戊干四化是「貪陰陽機」。其他各宮的天干和歲數都與前運一樣不起作用。

大運命宮是「紫微天府」經行「貪狼化祿」，說得再精細一點，是「紫微天府」先前經行「太陰化祿」（丁酉大運）之後，再經行「貪狼化祿」。完成了「太陰化祿」大運之後，是吉是凶都改變了「貪狼化祿」大運的起步點。此又不可不知！

戌宮的貪狼見「百官朝拱」，原局紫微天府，不得「百官朝拱」，影響當事人的富貴。大運最喜經行「百官朝拱」的宮位。十年之內，算是這位落難末代皇帝人生中最為「風光」的時段。

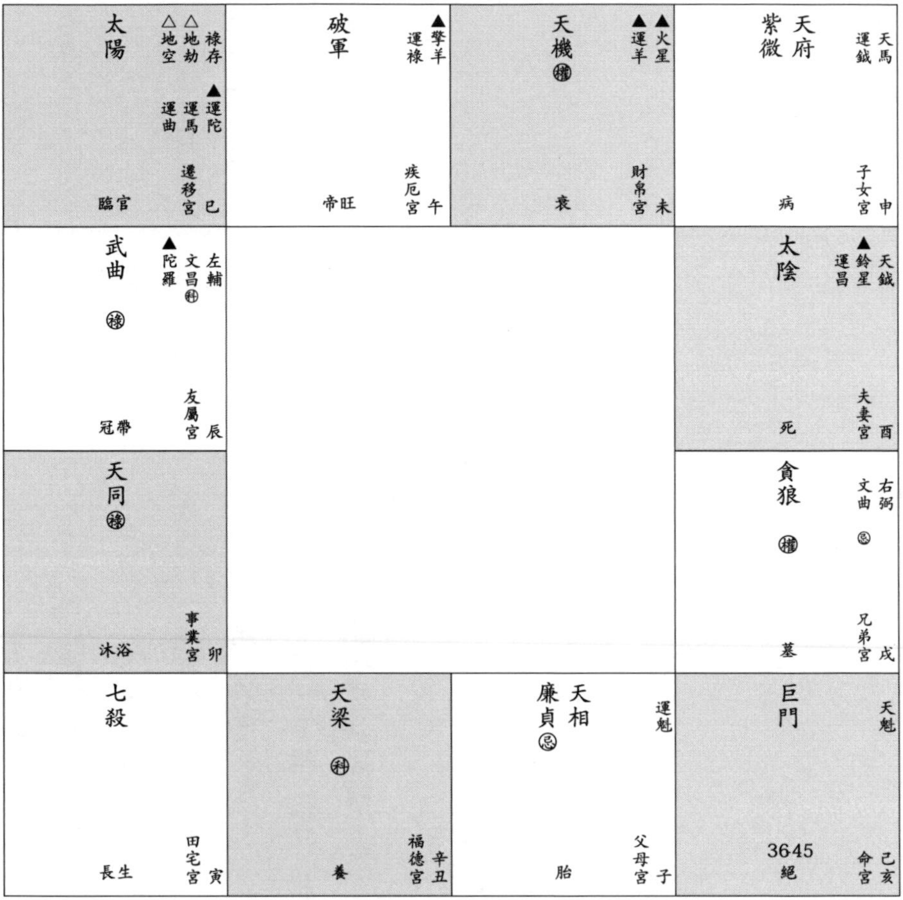

圖十八：己亥大運
（三十六至四十五歲）簡盤

溥儀第四個大運是己亥大運，管虛齡三十六至四十五歲（一九四一至一九五零）間十年的運程。己干四化是「武貪梁曲」。大運命宮在亥，巨門獨坐。

大運命宮是「紫微天府」經行「巨門」。巨門的前一宮本來已有廉貞化忌（本命丙干），後一宮又有文曲在大運化忌（己干），構成「雙忌夾」的不利結構。本命是火鈴夾的「紫微天府」，經行雙忌夾的「巨門」，本大運後期第二次世界大戰結束，溥儀成為階下之囚。

溥儀第五個大運是庚子大運，管四十六至五十五歲（一九五一至一九六零）。庚干四化是「陽武府同」。大運命宮廉貞化忌，廉貞化氣為囚，繼續以戰犯身分，在中國接受「再教育」。

溥儀第六個大運為辛丑大運（一九六一至一九七零年），辛干四化是「巨陽曲昌」。溥儀在運內逝世（一九六七年），各宮轉化如前述，不贅論，請讀者自行研究，作為練習之用。

太陽 ㊗祿 祿存 △地劫 △地空 友屬宮 巳 臨官	破軍 ▲擎羊 遷移宮 午 帝旺	天機 (權) ▲火星 ▲運陀 運鉞 疾厄宮 未 衰	天府 紫微 (科) 天馬 運祿 財帛宮 申 病
武曲 (權) 左輔 文昌(科) ▲陀羅 事業宮 辰 冠帶			太陰 天鉞 ▲鈴星 ▲運羊 子女宮 酉 死
天同 (祿) (忌) 運曲 田宅宮 卯 沐浴			貪狼 右弼 文曲 夫妻宮 戌 墓
七殺 運馬 福德宮 寅 長生	天梁 運魁 父母宮 丑 養	天相 廉貞 (忌) 庚子 命宮 46-55 胎	巨門 天魁 運昌 兄弟宮 亥 絕

圖十九：庚子大運
（四十六至五十五歲）簡盤

祿存 △地劫 △地空 太陽 (權) 事業宮 巳 臨官	▲擎羊 運魁 破軍 友屬宮 午 帝旺	▲火星 天機 (權) 遷移宮 未 衰	天馬 ▲運陀 天府 紫微 疾厄宮 申 病
左輔 文昌(科)(忌) ▲陀羅 武曲 田宅宮 辰 冠帶			天鉞 ▲鈴星 運祿 太陰 財帛宮 酉 死
天同 (祿) 福德宮 卯 沐浴			右弼 文曲(科) ▲運羊 貪狼 子女宮 戌 墓
運鉞 運曲 七殺 父母宮 寅 長生	天梁 56-65 辛丑 命宮 養	運昌 天相 廉貞 (忌) 兄弟宮 子 胎	天魁 運馬 巨門 (祿) 夫妻宮 亥 絕

圖二十：辛丑大運
（五十六至六十五歲）簡盤

太陽 祿存 △地劫 △地空 年祿 子女宮 巳 臨官	破軍 ▲擎羊 ▲年羊 年曲 夫妻宮 午 帝旺	天機(權)(權) ▲火星 兄弟宮 未 衰	天府 紫微 天馬 年馬 年昌 命宮 申 病
武曲 左輔 文昌(科)(科) ▲陀羅 ▲年陀 財帛宮 辰 冠帶			太陰 天鉞 ▲鈴星 年鉞 父母宮 酉 死
天同(祿)(祿) 疾厄宮 卯 沐浴			貪狼 右弼 文曲 福德宮 戌 墓
七殺 遷移宮 寅 長生	天梁 友屬宮 丑 養	天相 廉貞(忌)(忌) 事業宮 子 胎	巨門 天魁 年魁 田宅宮 亥 絕

圖廿一：一歲童限（丙午年）流盤

溥儀命格為「火六局」，六歲上運。一至五歲流年用「童限」推算，只有本命和流年兩套四化。

童限訣云：「一命二財三疾厄，四歲夫妻五福德。」即一歲以原局命宮為流年命宮，餘此類推。

除非童限命宮地支剛好與流年相同，否則各宮干支都無作用。

溥儀出生後至下一年（一九零七年丁未）夏曆年初一前，算是一歲。剛好命宮在申宮，丙命丙年共兩套四化。

兩歲以本命財帛宮為流年命宮，即是丁未年兩歲以辰宮「武曲」為命宮。

除原來丙干四化「同機昌廉」外，再加丁干四化「陰同機巨」。

太陽 祿存 △地劫 △地空 ▲年陀 年曲 年馬 父母宮 巳 臨官	破軍 ▲擎羊 年祿 福德宮 午 帝旺	天機(權)(科) ▲火星 ▲年羊 田宅宮 未 衰	天府 紫微 天馬 事業宮 申 病
武曲 左輔 文昌(科) ▲陀羅 命宮 辰 冠帶			太陰(祿) 天鉞 ▲鈴星 年鉞 年昌 友屬宮 酉 死
天同(祿)(權) 兄弟宮 卯 沐浴			貪狼 右弼 文曲 遷移宮 戌 墓
七殺 夫妻宮 寅 長生	天梁 子女宮 丑 養	天相 廉貞(忌) 財帛宮 子 胎	巨門(忌) 天魁 年魁 疾厄宮 亥 絕

圖廿二：兩歲童限（丁未年）流盤

兩歲以本命財帛宮為流年命宮，即是丁未年兩歲以辰宮「武曲」為命宮。除原來丙干四化「同機昌廉」外，再加丁干四化「陰同機巨」。

三歲以原局疾厄宮為流年命宮，戊申年以卯宮「天同化祿」為命宮。戊干四化為「貪陰陽機」。

流年命宮天同化祿，會太陰化權、天機化權再化忌，見火星鈴星主突然變化。流年父母宮武曲與雙陀羅同宮，見貪狼化祿、百官朝拱。

是年光緒帝與慈禧太后先後駕崩，慈禧太后遺命以溥儀繼位，溥儀之父載灃為則攝政王。此後子為君、父為臣，尊卑逆轉，但是載灃代子行使皇帝的權力。

四歲童限在夫妻宮，流年命宮在午宮，餘此類堆。己干四化是「武貪梁曲」。

五歲童限在福德宮，庚干四化是「陽武府同」。

太陽 (科) 祿存 △地劫 △地空 年祿 福德宮 巳 臨官	破軍 ▲擎羊 ▲年羊 年曲 田宅宮 午 帝旺	天機 (權)(忌) ▲火星 年鉞 事業宮 未 衰	天府 紫微 天馬 年昌 友屬宮 申 病
武曲 左輔 文昌(科) ▲陀羅 ▲年陀 父母宮 辰 冠帶			太陰 (權) 天鉞 ▲鈴星 遷移宮 酉 死
天同 (祿) 命宮 卯 沐浴			貪狼 (祿) 右弼 文曲 疾厄宮 戌 墓
七殺 年馬 兄弟宮 寅 長生	天梁 年魁 夫妻宮 丑 養	天相 廉貞 (忌) 子女宮 子 胎	巨門 天魁 財帛宮 亥 絕

圖廿三：三歲童限（戊申年）流盤

太陽 祿存 △地劫 △地空 ▲年陀 年曲 兄弟宮 巳 臨官	破軍 ▲擎羊 年祿 命宮 午 帝旺	天機㊑ ▲火星 ▲年羊 父母宮 未 衰	天府 紫微 天馬 年鉞 福德宮 申 病
武曲㊗ 左輔 文昌㊋ ▲陀羅 夫妻宮 辰 冠帶			太陰 天鉞 ▲鈴星 年昌 田宅宮 酉 死
天同㊗ 子女宮 卯 沐浴			貪狼㊑ 右弼 文曲㊇ 事業宮 戌 墓
七殺 財帛宮 寅 長生	天梁㊋ 疾厄宮 丑 養	天相 廉貞㊇ 年魁 遷移宮 子 胎	巨門 天魁 年馬 友屬宮 亥 絕

圖廿四：四歲童限（己酉年）流盤

圖廿五：五歲童限（庚戌）流盤

祿存 △地劫 △地空 太陽(祿) 巳 疾厄宮 臨官	▲擎羊 破軍 午 財帛宮 帝旺	▲火星 ▲年陀 年鉞 天機(權) 未 子女宮 衰	天馬 年祿 年馬 天府(科) 紫微 申 夫妻宮 病
左輔 文昌(科) ▲陀羅 武曲(權) 辰 遷移宮 冠帶			天鉞 ▲鈴星 ▲年羊 太陰 酉 兄弟宮 死
年曲 天同(祿)(忌) 卯 友屬宮 沐浴			右弼 文曲 貪狼 戌 命宮 墓
七殺 寅 事業宮 長生	年魁 天梁 丑 田宅宮 養	天相 廉貞(忌) 子 福德宮 胎	天魁 年昌 巨門 亥 父母宮 絕

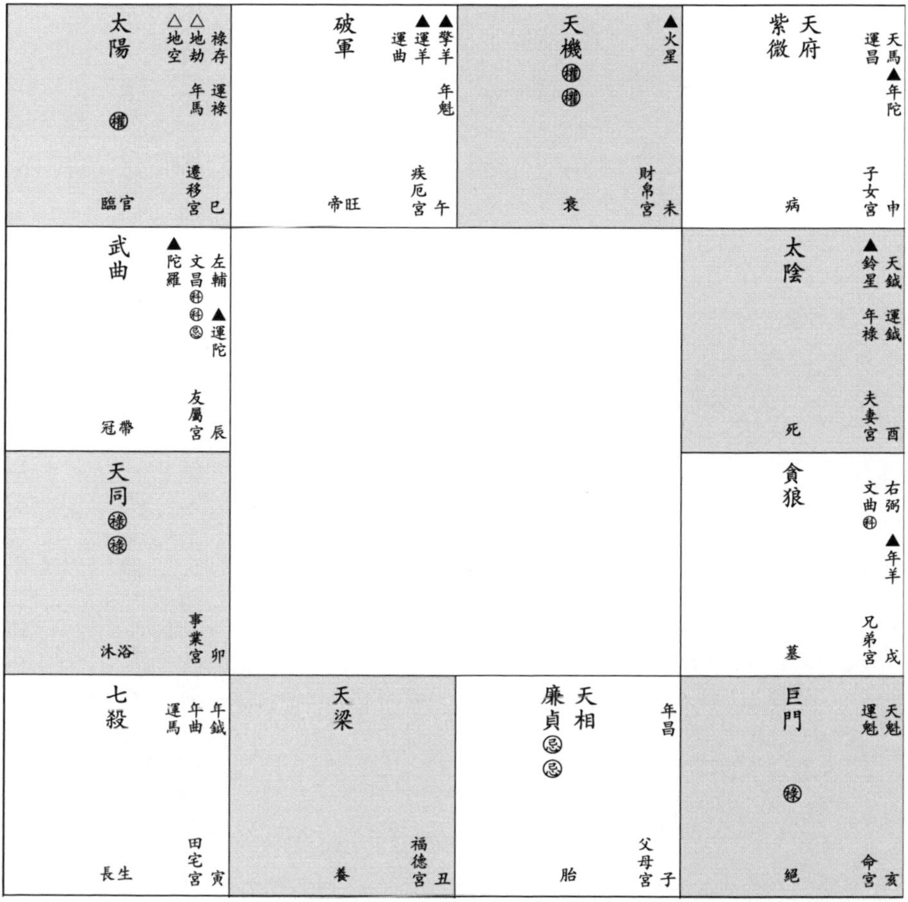

圖廿六：丙申大運辛亥流年（六歲）簡盤

溥儀六歲上運，辛亥流年共三套四化。丙命「同機昌廉」，丙運再一次「同機昌廉」，辛年「巨陽曲昌」。

讀者諸君如果能夠手上只有一張命盤（本章圖一），即能「看」出本圖，能夠飛出三套四化，與及三套祿、馬、羊、陀、魁、鉞、昌、曲。就可以算是札穩了基礎，繼而「初窺堂奧」了！

第二章 「打破十二宮」表解

筆者在《潘國森斗數教程（一）：入門篇》[1]介紹了「圖象思維」，在本書上一章再行細化。說明要學會怎樣在命盤十二宮之中，因應要查甚麼事情而讓自己看見些甚麼宮位，並暫時看不見些甚麼宮位。

我們還要將十干四化和各系流曜都記得爛熟，在推算歲運時就有如用了隱型墨水加到原命盤上去那樣，可以隨意「看得出」或「看不出」某些大運流年的飛星！卻不宜真正將甲運的「廉破武陽」四化等等也寫到原命盤上去，否則必會眼花瞭亂，不能卒讀。

但是在學習和訓練的漫長過程之中，另外拿出空白命盤，然後寫上大運的各宮和飛星以方便參詳，亦可算是必經階段。筆者在上世紀八十年代就是用這個笨方法練習。這樣有點似我們上小學、中學的數學課時，凡計算數學題都要有「算草」。依照上章對溥儀各大運簡略分析而多畫大運飛星簡圖，也是我們在「求學期間」的「算草」。「學滿師」下山行走江湖，就不能再依賴「算草」了。

終極目標是手拿一張命盤，就可以做到隨時對某一個大運和連續幾個流年佈置飛星，推算細節。

---

① 見《潘國森斗數教程（一）：入門篇》，心一堂，二零一六，頁一一〇。

何謂「打破十二宮」？

我們先孤立命宮一個宮位來看。

從圖表來看大運飛星，在拙作《斗數詳批蔣介石》①介紹過，本書上一章再示範一次。用的就是一張星盤，如溥儀的例子，只用本書的「圖一」。

現在改用列表形式表達如下：

① 見《斗數詳批蔣介石》，心一堂，二零一四，頁一二一至一二九。

溥儀本命及各大運命宮流轉表列

命宮	**紫微天府、天馬對七殺；火鈴夾。** 會武曲、廉貞化忌天相；陀羅，文昌化科、左輔單星。
丙申大運（六至十五）	**紫微天府、天馬對七殺；火鈴夾。** 會武曲兩重陀羅，廉貞雙化忌天相；文昌雙化科、左輔單星。
丁酉大運（十六至廿五）	**太陰化祿、鈴星對天同化祿化權。** 會太陽，天梁；祿存、流陀、地空地劫，天鉞單星。
戊戌大運（廿六至卅五）	**貪狼化祿魁鉞夾對武曲陀羅。** 會破軍雙擎羊、七殺；見昌（化科）曲輔弼。
己亥大運（卅六至四五）	**巨門對太陽祿存空劫；廉貞化忌、文曲化忌，雙忌夾。** 會天同化祿、天機化權火星；天魁單星。
庚子大運（四六至五五）	**廉貞化忌天相對破軍擎羊。** 會紫微天府、武曲；陀羅天馬、流祿、文昌化科左輔單星。
辛丑大運（五六至六五）	**天梁對天機化權火星。** 會太陽化權祿存空劫、太陰鈴星天鉞單星。

第一大運丙申，命宮與原局命宮同宮，因為宮干與生年年干都是丙，所以四化星是化兩次。丙申大運管虛齡六至十五歲，溥儀在大運第一年（一九一一年辛亥），就要面對皇朝覆亡的危機，一九一二年壬子，正式退位。當代中國人在這個年齡，絕大部份天天都要上學，像溥儀這

樣做皇帝，名義上是個人口以億計大國的國君，今天已無可能！在我們較為熟悉的英國，英女皇伊莉莎白二世（一九二六——）的曾孫喬治（二零一三——），也是年幼而身份尊貴，是皇室排第三位的繼承人。可是他父親威廉皇太孫（一九八二——）、祖父皇儲威爾斯親王查爾斯（一九四八——）等人，都在不成文的憲法約束之下，不會當上掌握行政實權的終身制君主。這個反映我們每一個人都不能超越時代的局限。

第二大運丁酉，大運命宮在酉宮。是紫微天府的命宮性質，經行太陰化祿大運命宮的時空環境。術語叫「紫微天府會太陰（化祿）」。古籍上面提到「紫府系」的正曜「會」上「日月系」的正曜，又或者是「日月系」會「紫府系」，全部都應該這麼理解。這個大運管虛齡十六歲至廿五歲，二十一世紀的今天，在大中華圈的中國年青人，大部份都仍在上學，小部份已完成學業，投身社會，還有些已經結婚成家。但在溥儀的時代，中國年青男女結婚比較早，中產階級以上的年青人，許多在二十歲前已經為人父母，甚至子女成群！

第三大運戊戌，原局紫微天府，經行貪狼化祿見百官朝拱。再說得細一點，是「紫微天府在申」，經行「太陰在酉」之後，再經行「貪狼在戌」。分析和評價戊戌大運的吉凶，不可以孤立戊戌大運的命宮來看，必須以「紫微天府會貪狼」的變化為準，同時參考前運「丙申紫府」和「丁酉太陰」兩運，來評估當事人在戊戌大運的起點是高是低。因為凡紫微星系、天府星系都喜行百官朝拱的大運，這個戊戌運應當是溥儀一生人最風光的大運。

第四大運己亥，也是「紫府在申」的本質，會「巨門在亥」的時空環境，初學者不要忘記，此前還先後會過「太陰在酉」和「貪狼在戌」。

第五大運庚子和第六大運辛丑，也是按相同的概念去思考辨析。

這樣詳細地講，顯得繁瑣，但是推算原理確是這樣，只是我們與求問者面談、或者是寫批書時都不會每次都重覆所有星系特徵。講得有多細緻、寫得有多詳盡，都要因應算命或教學的需要來剪裁資料和編排內容。

比如說，一個四十歲的中年人來算命，前運不必講得太多，從已經過去的上一運說起就差不多了。

其餘十二宮也可以這樣分析。

此下以父母宮為例：

溥儀本命及各大運父母宮流轉表列

父母宮	**太陰、鈴星對天同化祿。**會太陽，天梁；祿存、地空地劫，天鉞單星。
丙申大運（六至十五）	**太陰、鈴星對天同雙化祿。**會太陽，天梁；祿存、大運流祿、地空地劫，大運天鉞，天鉞單星。
丁酉大運（十六至廿五）	**貪狼兩重魁鉞夾對武曲。**會破軍擎羊大運流祿、七殺；見昌曲輔弼。
戊戌大運（廿六至卅五）	**巨門對太陽化科祿存大運祿存空劫。**會天同化祿，天機化權再化忌；天魁單星。
己亥大運（卅六至四五）	**廉貞化忌天相對破軍擎羊大運流祿。**會紫微天府，武曲大運化祿；陀羅天馬、文昌左輔單星。
庚子大運（四六至五五）	**天梁對天機化權火星大運流陀。**會太陽化祿、祿存空劫，太陰鈴星大運流羊天鉞單星。
辛丑大運（五六至六五）	**七殺對紫微天府天馬大運流陀。**會破軍擎羊，貪狼大運流羊、右弼文曲單星。

紫微斗數講的「打破十二宮」，其實要求評斷其他十一宮時，都與命宮合參！所以檢視溥儀一生與父母（包括上司）的關係，就要兩宮一起看！列成更複雜的表：

溥儀本命及各大運命宮父母宮流轉表列

	命宮	父母宮
本命	**紫微天府、天馬對七殺；火鈴夾。** 會武曲、廉貞化忌天相；陀羅，文昌化科、左輔單星。	**太陰、鈴星對天同化祿。** 會太陽，天梁；祿存、地空地劫，天鉞單星。
丙申大運（六至十五）	**紫微天府、天馬對七殺；火鈴夾。** 會武曲兩重陀羅，廉貞雙化忌天相；文昌雙化科、左輔單星。	**太陰、鈴星對天同雙化祿。** 會太陽，天梁；祿存、大運流祿、地空地劫，天鉞單星。
丁酉大運（十六至廿五）	**太陰化祿、鈴星對天同化祿化權。** 會太陽，天梁；祿存、流陀、地空地劫，天鉞單星。	**貪狼兩重魁鉞夾對武曲陀羅。** 會破軍擎羊大運流祿、七殺；見昌曲輔弼。
戊戌大運（廿六至卅五）	**貪狼化祿魁鉞夾對武曲雙陀羅。** 會破軍雙擎羊、七殺；見昌（化科）曲輔弼。	**巨門對太陽化科祿存空劫。** 會天同化祿，天機化權再化忌火星；天魁單星。
己亥大運（卅六至四五）	**巨門對太陽祿存空劫；廉貞化忌、文曲化忌，雙忌夾。** 會天同化祿、天機化權火星；天魁單星。	**廉貞化忌天相對破軍擎羊大運流祿。** 會紫微天府，武曲大運化祿；陀羅天馬、文昌左輔單星。
庚子大運（四六至五五）	**廉貞化忌天相對破軍擎羊。** 會紫微天府、武曲；陀羅天馬、流祿、文昌化科左輔單星。	**天梁對天機化權火星大運流陀。** 會太陽化祿、祿存空劫，太陰鈴星大運流羊天鉞單星。
辛丑大運（五六至六五）	**天梁對天機化權火星。** 會太陽化權祿存空劫、太陰鈴星天鉞單星。	**七殺對紫微天府天馬大運流陀。** 會破軍擎羊，貪狼大運流羊、右弼文曲單星。

可是以上三個表，都只是作為示範，從來都不要求初學者每次都這樣列出來。如果要十二宮都製成一個總表，一來這樣大的紙難覓，二來一般人書房也沒有這麼大的書桌，恐怕只能將紙都貼在牆上去了。

真正的要求，其實是手上拿了一張原局命盤，即是本書前文的「圖一」，就可以在腦中計算飛星，隨意得出溥儀某一個大運三兩個宮位的星系變化情況。

比如說，我們要考察溥儀在戊戌大運的感情狀況，就要在腦中「看到」戊戌大運命宮貪狼（化祿）對武曲星系；大運夫妻宮申宮的紫微天府被火鈴夾星系，和大運福德宮子宮廉貞化忌天相星系。三宮合參，才可以得出一個更清晰的圖象。

此下再舉一些具體例子。

例如要看一個人的置業運，誰都想到必須看田宅宮，但是單看一宮還不夠，再要看那些宮位呢？

命宮當然要看！大運田宅宮好而命宮不好，可能只是在大機構服務、甚或求學時期考上了名校。今時今日購置房產，經常是當事人一生最重要的投資，可謂成敗利鈍，在此一舉！我們起碼還要兼看財帛宮和還移宮。兼看財帛宮好理解，為何要看還移宮？這牽涉到還居、牽涉到較大幅改變生活環境，怎可以不兼看還移宮？

然後還有夫妻宮和福德宮，置業還居經常是一家人的共同決定，配偶的堅持每每起了關鍵作用！曾聽一位朋友自嘲說：「娶錯了現在這個太太！」這無關夫妻間的恩愛關係，現實是此君因為受不了太太的埋怨催促，擔心當時不置業的話，日後就再也買不起。結果在最不適當的時候置業，借貸購房之後，物業價值受到外在政治因素影響而大幅下瀉，便吃了大虧，惹得一屁股債，一家人要過一段緊日子！

又如看當事人的健康，疾厄宮必然要看，但是仍然必須與命宮合參，甚至可以說是以命宮為主，疾厄宮為輔。然後還有福德宮！因為福德宮關係到人的精神享受，心理健康每每影響到生理健康。此所以，單看疾厄宮論健康，還真算未入門呢！

當然，在鍛煉階段，初學者可以拿出紙筆，畫出上文第一章的大運飛星簡圖，或者寫出這一章介紹的簡表作為參考之用，就好像求學時期解數學題的算草那樣。

現在只談了大運，在實際推算時，更要細分到流年，共是本命、大運和流年三組四化星。我在《斗數詳批蔣介石》是由中級程度入手，現在回頭去看，倒似是缺了入門初階。唯有從頭做起，由《潘國森斗數教程（一）：入門篇》，到本書談「兩盤三星」，願讀者諸君能重建基礎。

我們的要求是，到了可以只憑看著一張命盤就能做到腦中飛星、腦中列表，才算是初窺門徑，可以滿師下山、行走江湖去也！

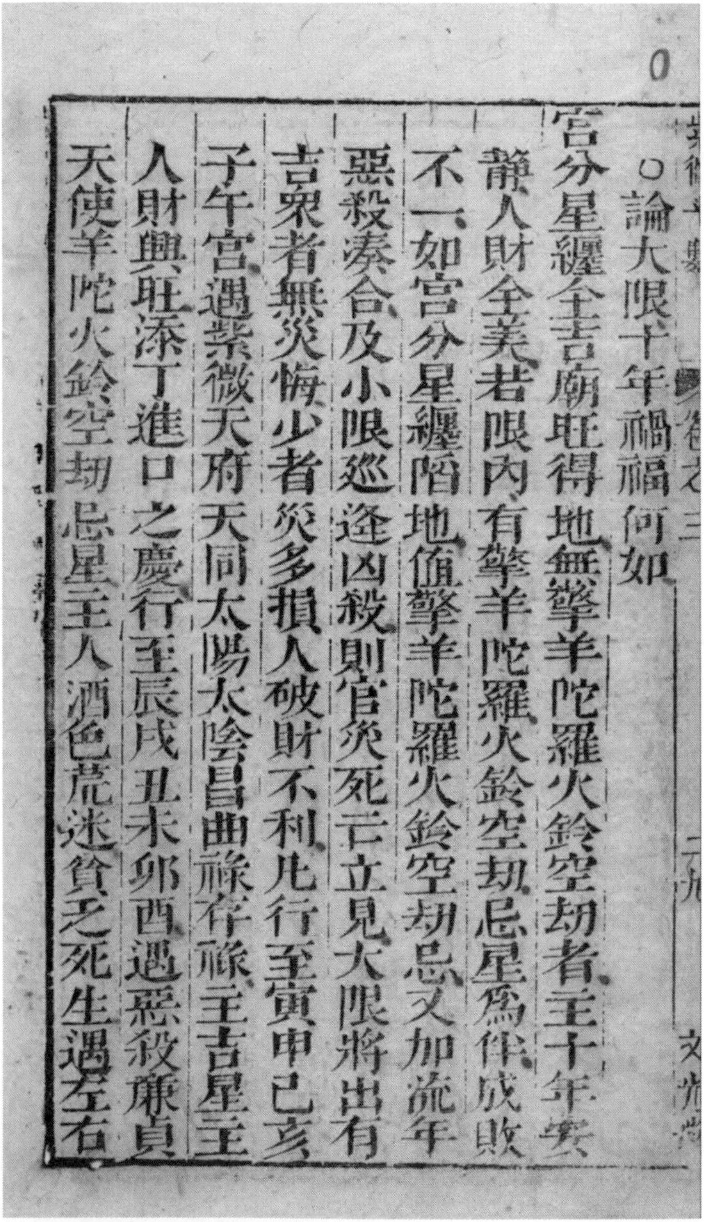
○論大限十年禍福何如
宮分星纏全吉廟旺得地無擎羊陀羅火鈴空刧者主十年安
靜人財全美若限內有擎羊陀羅火鈴空刧忌星爲伴成敗
不一如宮分星纏陷地值擎羊陀羅火鈴空刧忌又加流年
惡殺湊合及小限巡逢凶殺則官災死亡立見大限將出有
吉衆者無災悔少者災多損人破財不利凡行至寅申巳亥
子午宮遇紫微天府天同太陽太陰昌曲祿存祿主吉星主
人財興旺添丁進口之慶行至辰戌丑未卯酉遇惡殺廉貞
天使羊陀火鈴空刧忌星主人酒色荒迷貧乏死生遇左右

《紫微斗數全書（明末清初木刻真本）》，心一堂，2017，〈論大限十年禍福何如〉。

第三章　星曜本質（正曜、助曜、化曜）

第一節　十四正曜（紫府八曜、日月六曜）

紫微斗數最重視十四正曜，只有正曜才算有資格做主角。在不同的命盤之中，十四正曜輪流當主角。

以宮垣論，命宮所坐的正曜是主角中的主角，身宮的正曜則可算是第二主角，然後其他各宮的正曜就在人生的不同時段「擔正」。命身以外的宮位，如事業財帛、夫妻子女，則是人生這齣長篇劇集入面，不同主線的主角。

以星曜論，則三主星是主角中的主角，主星以外的正曜，仍只是其他主線的主角。

看過一兩本入門級斗數教科書的朋友都知道：紫微是北斗主星；天府是南斗主星；中天主星則分為日生人以太陽為主星，夜生人以太陰為主星。三主星之中，又以紫微為全局主星。

十四正曜之中，一般來說紫微、天府、貪狼、天同是吉星；七殺、破軍、廉貞、巨門是凶星。但是也不能一概而論。

《太微賦》有云：「諸星吉，逢凶也吉。諸星凶，逢吉也凶①。」這裡的「諸星吉」指其

① 見《紫微斗數全書（明末清初木刻真本）【原（彩）色本】》，心一堂，二零一七，頁七。

他星曜（一般包括六吉星、祿權科三吉化等），「逢凶」的「凶」則是七殺、破軍這是所謂「凶星」而言。下一句亦作如是觀。「諸星凶」指其他星曜（一般包括四煞空劫和化忌星等），「逢吉」的「吉」則是紫微、天府這是所謂「吉星」而言。至於「也吉」和「也凶」，就是各個星曜綜合起來的吉凶結果。

這句古訣的用意，無非是指出，十四正曜都有吉凶兩面的性質。原來第一層次的吉凶，即是紫微、天府多吉；七殺、破軍多凶都並非絕對。紫微天府見凶星多，有可能轉吉為凶；七殺破軍見吉星多，也有可能轉凶為吉。

此下我們談談孤立一顆十四正曜吉凶善惡的兩面。

紫微

紫微化氣為「尊」，又為官祿宮（事業宮）主星。這個所謂主星，是指紫微一般喜歡在事業宮。但是這種非常簡單概括的講法，只是先哲前賢訂立來簡化後學的記憶。如果我們對命盤的起例滾瓜爛熟，當知紫微、武曲、廉貞三曜永遠在三合宮相會①。但是許多學了紫微斗數多

---

① 筆者為此重訂起十四正曜口訣：「後武前廉合紫微。」見《潘國森斗數教程（一）：入門篇》，心一堂，二零一六，頁一五二。

年的朋友竟然不知有這麼的一個定律。反而七殺、破軍、貪狼（簡稱「殺破狼」）的關係，倒是許多不了解紫微斗數的香港人琅琅上口！

前賢認為紫微最喜坐事業宮，可謂然而未盡然，因為武曲必然同時在命宮①，豈不是凡武曲坐命都特別佔優？

良性的紫微，可以比喻為「賢君」、「明君」。紫微星系守命而吉星多凶星少，一般是能富貴、享尊榮的格局。紫微的優點是常帶有一種尊貴的氣質；缺點是自尊心過強，甚至過度主觀而不聽人言，可以說其成也在「尊」、其敗也在「尊」。紫微有尊貴氣，有時可以顯現為魅力，卻不一定有領導力，皆因皇帝不會事事親力親為，其尊則經常反映在知人善用。

紫微雖然號稱「帝座」，但是一國元首的命卻不見得要命宮坐紫微。遍觀清代諸帝，除了清太祖努爾哈赤（一五五九至一六二六）沒有出生資料傳世之外，其餘帝君就只有末代皇帝溥儀是紫微天府坐命。掌握實權的有為君主當中，倒是皇太極（一五九二至一六四三）、雍正（一六七八至一七三五）、乾隆（一七一一至一七九九）三帝是天相在卯酉宮的格局！可見紫微斗數各星曜的名稱只是一些符號，如果研習斗數的朋友望文生義，很可能一生不能入門！

惡性的紫微可以比喻為「暴君」、「昏君」，最壞的情況是想當皇帝而沒有當皇帝的條件和際遇。

① 見《潘國森斗數教程（一）：入門篇》，心一堂，二零一六，頁一六六。

有論者認為紫微既化氣為尊，即使淪為乞丐也常會當個「丐頭」，領導眾丐。其實未必盡然，如果沒有「百官朝拱」，反而是「孤君在野」，可能表現為只是一個支配慾很強、卻又社會地位低微而沒有甚麼人可管的小人物。那麼此人可能只堪在工作範圍內亂用威權，又或者回到家去欺凌家中老少。

本章凡談論到十四正曜、十四助曜和四化星在命宮的情況，其實在身宮亦有如此性質。換言之，「命宮」都指「命（身）宮」而言。筆者要再強調這一點，因為遇見過很多喜歡鑽研紫微斗數的朋友，經常忽略、甚至無視身宮星系對整個命格的影響力。

天府

天府化氣為「庫」，又為財帛宮主星。「庫」在這裡指皇家收藏財寶的庫房，因此有論者用現代人更容易理解的說法來比喻，將天府說成是一國中央銀行的行長。天府喜坐財帛宮的說法也不宜一成不變，按照正曜排列，我們知道凡是天府坐財帛宮，必是天相在命①。如果天府入財帛宮一定富足，天相坐命的人豈不是甚佔便宜？

良性的天府，等於一個藏有大量財富的「夾萬」（廣府話，即是保險庫、保險箱）。如果

① 見《潘國森斗數教程（一）：入門篇》，心一堂，二零一六，頁一六七。

中央銀行資金充裕，行長在錢財上就有良好信用了。不論是古代的府庫，抑或現代的銀行，於財物的出納都有嚴格程序，以防出錯。此所以天府坐命的人平素行事大都有板有眼，按規矩辦事，亦有一定的領導才華和管理能力。

惡性的天府，等於一家頭寸緊絀的銀行，又或者是帳目不清不楚的府庫，這樣的天府坐命，其人就會是個空心老倌。為了維持門面，只能百計千方去掩飾周轉不靈的窘態，甚至弄虛作假，隱瞞虧空。

天相

天相化氣為「印」，亦是官祿宮主星。凡是天相在事業宮，命宮必定是天府①，我們也不能說凡是天府坐命的人，事業方面一定比人有利。所以我們必須一再強調，某正曜是某宮主星之說只可以參考，萬萬不可以死套。

「印」是印信，在皇帝是傳詔降旨不可缺少的玉璽，各級各地官員未必見過皇帝的筆跡，而且許多時聖旨都不一定由皇帝親筆書寫，大家都以有沒有蓋過玉璽為憑。官員的印信就是向各級屬下發號施令公文上的蓋章識認，沒有蓋章的公文形同廢紙。

① 見《潘國森斗數教程（一）：入門篇》，心一堂，二零一六，頁一六七。

有論者望文生義，將天相詮釋為「丞相」，大謬不然！天相的相，是相夫教子的相，解作輔助。天相既是印，用現代概念來理解，就是一枚「橡皮圖章」！明君或者為國為民的清官廉吏用印，則此印必定為善；昏君或貪官污吏用印，則此印必定作惡。

良性的天相在命，其人多帶奉公守法、樂於助人的性格，格局配合起來，亦可以執掌權柄。

惡性的天相在命，其人多缺乏主見，容易受人影響而錯用權力、行僥弄險，自取其禍。

武曲

武曲化氣為「財」，又為財帛宮主星，凡武曲坐財帛宮，命宮必然是紫微①。

此外，《女命骨髓賦》有云：「武曲之宿為寡宿②。」女命武曲坐命不利婚姻，良性的武曲遲婚即可避免婚姻失敗、生離死別。

良性的武曲在命，主其人擅於生財，性格剛毅，決斷明快，每每能夠把握一瞬即逝的投資機會。

惡性的武曲在命，除了財運有欠之外，常有六親緣薄，躁決短慮的毛病，甚或有嚴重災病。

① 見《潘國森斗數教程（一）：入門篇》，心一堂，二零一六，頁一六六。

② 見《紫微斗數全書（明末清初木刻真本）【原（彩）色本】》，心一堂，二零一七，頁五五。

七殺

七殺遇紫微化氣為「權」，一般被喻為上將之星。

七殺在正曜中屬凶曜，凡七殺坐命，人生不免有缺憾，若是三方四正見紫微則可得權力。若不會紫微，走紫微大運亦可掌權。不過，這些都是良性七殺會良性紫微，或走良性紫微的大運而言。

惡性的七殺坐命，主人生多波折。嚴重的是少年夭亡、凶死橫死；或多災多病、身體傷殘。

破軍

破軍化氣為「耗」，常被比喻為先鋒武將，管理能力不及七殺。因為帶有消耗性質，人生便容易多成多敗。

良性的破軍坐命，雖然人生多衝鋒陷陣，於損耗之後仍可以成功。但是不能專守一業，多勞多耗。

惡性的破軍坐命，則財物每每覺得不夠花費，行事便經常後繼乏力而致破敗。亦主多早產、意外、受傷、破相等災病。

貪狼

貪狼為「正桃花」，又為「解厄之神」。

貪狼的本質其實是慾望，慾望強烈的人鬥志也強；還有是交際手段勝人一籌。現代社會競爭激烈，也正正因為現代人比古人有更多競爭的機會，所以今天算紫微斗數，評價貪狼坐命的人，應該比古籍上的說法還要再看高一兩線。「解厄之神」則表示貪狼相對其他正曜來說，比較不畏四煞。

良性的貪狼在命，有利當事人與人競爭，可得富貴。

惡性的貪狼在命，則常因不當的情慾或物慾而破敗。

廉貞

廉貞化氣為「囚」，又為「副桃花」。廉貞也是「官祿宮主星」，此時必以紫微坐命①。

良性的廉貞在命，讓當事人的感情歸於正道，亦主人擅於與不同背景的人打交道，故利於從政。亦可以執掌權柄。

---

① 見《潘國森斗數教程（一）：入門篇》，心一堂，二零一六，頁一六六。

惡性的廉貞才發揮「囚」的性質，常表徵為牢獄之災、血光之災等等。

太陽

太陽化氣為「貴」，亦為官祿宮主星。凡太陽坐事業宮，遷移宮必坐天機①。

太陽又為男星；男命主父、自身及兒子；女命主父、配偶及兒子。

此所以紫微斗數論當事人與父親的關係，必須命宮、父母宮和太陽合參，不必理會太陽落在何宮位，即使是事業、財帛、夫妻等宮亦要考量。看當事人與兒子的關係，則是命宮、夫妻宮、子女宮和太陽宮位合參。男命看自身，必以命宮、福德宮、遷移宮和太陽宮位合參。女命看配偶，必以命宮、身宮、夫妻宮、福德宮和太陽宮位合參。筆者以前也交代過這些秘訣，在此重覆一次。

良性的太陽坐命，都主當事人與男親關係良好，可得富貴。因為太陽主貴，人生發展宜先名後利，名譽越高，獲益越大。良性的太陽在廟旺宮位，名聲傳播範圍較廣較遠；在閒陷宮位則可能只在小圈子中成名。但是太陽主散，在閒陷宮位有時反而比廟旺宮位更容易積財致富，此又不可不知。

① 見《潘國森斗數教程（一）：入門篇》，心一堂，二零一六，頁一六六。

惡性的太陽坐命，都主當事人與男親關係易有缺憾。在廟旺宮位浮而不實，在落陷宮位則常招惹是非怨尤，甚至誹謗攻擊。男命則自身易有災病。

太陰

太陰化氣為「富」，為田宅宮主星。凡田宅宮坐太陰，必是破軍在命宮①，所以亦不能一概而論，以為破軍坐命的人田宅運容易較人優勝。

太陰又為女星，男女命皆為母星、女星；男命為妻星，女命則主自身。當事人與母、女關係、男命與配偶關係、女命看自身，可參考上文太陽所述。

良性的太陰坐命，都主當事人與女親關係良好。又因太陰主富，故長於進財理財。富有程度而論，巨富反而以太陰閒陷宮位為多，但辛勞不免。

惡性的太陰坐命，可以向陰性發展，嚴重的是陰謀詭計、陰損自私，甚至為斯文敗類！女命或父緣不足，此為母親婚姻不美滿的具體反映！

---

① 見《潘國森斗數教程（一）：入門篇》，心一堂，二零一六，頁一六七。

天同

天同化氣為「福」，又為福德宮主星。凡天同坐福德宮，遷移必坐天機①。

天同屬於情緒型的正曜，必須白手興家才會有福可享。

良性的天同坐命，要有適當的磨煉，然後才可以精神和物質享受皆富足，故主白手興家，不能繼承祖業。

惡性的天同坐命，則人生多精神困擾，或感情傷害，嚴重者為喪失鬥志、一事無成。

天梁

天梁化氣為「蔭」，主消災解難，為父母宮主星。凡天梁坐父母宮，命宮必坐天相②，故此亦不能一概而論，認為凡天相坐命者都得父母或上司蔭庇。

天梁概能消災解難，便亦必招惹大大小小的災難，天梁實在是一正曜同時兼有「刑」和「忌」的性質，稍見煞即多是非困擾。天梁屬理智型正曜，天梁坐命的人清一色喜歡挑剔他人過失。

① 見《潘國森斗數教程（一）：入門篇》，心一堂，二零一六，頁一六六。

② 見《潘國森斗數教程（一）：入門篇》，心一堂，二零一六，頁一六七。

良性的天梁坐命，利於從事學術研究，或語文傳播，或宗教哲理，或法律醫療，全部都帶挑剔性質。凡是批評別人，不論有沒有道理或根據，受批評者都會認為你在挑剔，此所以「挑剔」而能令人口服心服，其實有一定難度。故此，天梁坐命的人，即使秉公辦事，亦容易招惹小人怨懟。

惡性的天梁坐命，可以變成吹毛求疵、不切實際，遊走於頑固和散漫兩個極端，影響人際關係，甚至人生際遇。大運經行惡性的天梁星系，又可以為死運，因為一死則人生再無災難，是最為徹底的解脫。

天機

天機化氣為「善」，又為兄弟宮主星。凡天機坐兄弟宮，命宮必坐紫微①。天機性質浮動善變，坐兄弟宮主兄弟稀少，知交好友亦常變換，這樣的性質並不符合中國人傳統家庭倫理和人際關係的觀念。古代社會喜歡穩定，不喜人事多變，可見這個兄弟宮主星的說法，無非是前賢湊湊數而已。

化氣為善則要小心理解，不是說天機有向善、行善的性質，而是凡天機坐命都必須行善去惡。

① 見《潘國森斗數教程（一）：入門篇》，心一堂，二零一六，頁一六六。

良性的天機坐命，是軍師型的人才，善於隨機應變，於是能運籌帷幄、決勝千里，但是善於策劃多於執行。

惡性的天機坐命，這種機靈善變可以發展成無原則、無道德的機心計算，便容易聰明反被聰明誤，因為過用計謀而入歧途，甚至墮落。

巨門

巨門化氣為「暗」，前賢沒有說巨門是甚麼宮的主星。巨門的基本性質，是形於外則為多言，藏諸內則為多疑。

良性的巨門坐命，可得富貴，但是口舌是非難免。其多言發展為以口才說服人，以從事多說話的行業為宜，甚至本人雖不多言，工作亦要傾向語言多於文字為宜。以傳媒工作者為例，巨門加入電台電視等「有聲」的機構，就比在報紙雜誌等「無聲」的機構更為合適。其多疑，則可以轉化為行事仔細，不易犯上不必要的錯誤。

惡性的巨門坐命，多言而不能取信於人，便會言多必失，惹人討厭，影響人際關係。其多疑，則容易錯用在疑神疑鬼，影響事業和工作上的判斷。

以上十四正曜的簡述，是孤立單一正曜來談，只算入門初階。正曜以作為「官祿宮主星」為多，那是因為前賢重視以官貴為人生奮鬥目標之故。

「良性」與「惡性」的差別，仍需要考量以下幾點：

（一）正曜的星系結構。這個又同時決定了正曜的廟旺閒陷。

日月系六正曜，可以視為太陽、天同、天機三曜，與太陰、天梁、巨門三曜組成九組星系，兩曜可以同宮，也可以對照。

九組星系分別是：

陽陰、陽梁、陽巨；

同陰、同梁、同巨；

機陰、機梁、機巨。

紫府系八正曜，可以視為紫微、武曲、廉貞三曜，與天府、天相、七殺、破軍、貪狼五曜組成星系。但是天府與七殺永遠相對，天相與破軍永遠相對，天府五曜又可以合併為三組。結果也是九組星系。分別是：

紫貪、紫府殺、紫破相；

武貪、武府殺、武破相；

廉貪、廉府殺、廉破相。

以陽梁系為例，共計有太陽天梁同宮（卯酉）、太陽對天梁（子午）和天梁（子午）對太陽三組性質有相近之處的星系。

以紫破相系為例，共計有紫微破軍對天相（丑未）、紫微天相對破軍（辰戌）、天相對紫微破軍（丑未）和破軍對紫微天相（辰戌）四組性質有相近之處的星系。

（二）見吉星多還是凶星多。吉星凶星又具體是那些星曜。

看過一兩本斗數入門教科書的朋友都知道，在十四助曜之中，六吉星（左輔右弼、文昌文曲、天魁天鉞）和祿馬（祿存天馬）都屬於吉祥的星曜；而四煞（火星鈴星、擎羊陀羅）空劫（地空地劫）則是凶惡的星曜。

但是吉星吉在何處？凶星凶在何處？六吉祿馬也有惡性的一面嗎？四煞空劫也有良性的一面嗎？

上面提過十四正曜都有吉凶兩面，十四助曜自然也有吉凶兩面。掌握六吉祿馬之惡、四煞空劫之善，又是進了一階的認知了。

此外，還有化祿、化權、化科和化忌四化曜，祿權科為三吉化。但是三吉化也有善惡兩面，化忌也有善惡兩面。

星系的性質，要按正曜的定格組合，再經十四助曜和四化的綜合影響，令到原來的本質加強或減弱、保持或轉化，可以千變萬化。

為幫助讀者能夠更快入門，更易掌握實務推算的竅門，本書只分析十四正曜與十四助曜和四化曜錯綜複雜的關係，各雜曜暫緩探討，以免未入門者「消化不良」。

第二節　十四助曜

十四助曜大致可分為八吉六凶，這當然只是初級層次的分類，讀者仍是要記住紫微斗數的所有重要星曜都有吉凶兩面，不可死套。

左輔右弼

左輔右弼的基本性質是助力。

命宮見良性的輔弼，對當事人的影響可以體現為增強管理能力和改善人際關係。對性格的影響，則是待人寬厚，喜與人為善。即是俗語所謂「得道多助」了。具體可能表徵為身邊的親朋戚友帶來種種好處，包括因同事或工作夥伴的貢獻而獲益。

命宮見惡性的輔弼，助力可以化為阻力，就是上述優點的反面，受到身邊的人連累了。

文昌文曲

文昌文曲的基本性質是聰明才智，氣質優雅。如果再要細分，則文昌較傾向文科和文字，文曲則較傾向於理科和語言，僅供參考。

命宮見良性的昌曲，增加當事人的學習能力，有利於競爭。這所謂競爭，就包括了常規的、公開的考試和比賽、競技。

命宮見惡性的昌曲，則可以表現為錯用聰明。包括文書失誤、考試失利（包括課程本來學得不壞、臨場考試卻失準）。最嚴重的每每惡化為心術不正的斯文敗類。

天魁天鉞

天魁天鉞的基本性質是貴人，引伸為良好機遇，這就包括社會上官方的、正式的典章制度。

命宮見良性的魁鉞，具體表徵為當事人經常可以跟地位比自己高的大人物或長輩，因為得到提攜帶挈。又或者政府忽然推出新政策，令當事人無意中受惠。那些主催制度改變的人，沒有刻意幫你，甚至不知道有你的存在，只是你暗中的貴人而已。

命宮見惡性的魁鉞，則貴人變為小人。有些情況可能是先讓你得到看來很幸運的好處，結果反而將你引入歧途，最後因小失大！

祿存天馬

祿存的祿，可以理解為財祿，那是「富」；祿也可以是爵祿，即是因有崇高政治地位而得到的金錢利益，那就是「貴」了。

命宮見良性的祿存，可以得富貴，或至低限度是隱定的收入。

命宮見惡性的祿存，則是因財惹禍，或當事人總是感到錢財不夠花；又者或健康欠佳。

天馬主動。吉為機動力強，凶為奔波無成。

命宮見良性的天馬，表徵為利於遷移（離開出生地向外發展）、遠行（在異地有良好際遇）、或外勤類型的工作。

命宮見惡性的天馬，則可能是不適宜遷移卻受環境所迫不得不移，或在外地不得志或出意外，又或者身體奔波勞碌。

火星鈴星

火星鈴星都主變化，而且是突如其來的劇變。

良性的火鈴，可以增加正曜星系的威勢。突變亦表現為突發，即是突變而向好。

惡性的火鈴，則是突變而向壞。

火星和鈴星的分別有二。一是火明鈴暗，二是火星為陽火、鈴星為陰火。

明火、陽火的氣勢比暗火、陰火為大，產生的變化也更為明顯、更為強烈，連局外人也能見到。

暗火、陰火的負面影響卻比明火、陽火更為持久，旁人未必能夠察覺。對於當事人來說，便可能是「有苦自家知」。

擎羊陀羅

擎羊化氣為「刑」。

良性的擎羊，表徵為威權，速戰速決，有利於當事人使用金屬利器。

惡性的擎羊，表徵為官司刑罰，或金屬創傷，或惡性競爭，或魯莽生禍。

陀羅化氣為「忌」。

良性的陀羅，一般主暗生權力，即使成功亦過程反覆。

惡性的陀羅，多主事情經歷拖延與阻滯，然後才失敗。

地空地劫

地空地劫共通的壞處，是損害祿星（祿存和化祿）的力量，破壞祿星帶來的財運，更嚴重的情況是破財。

地空地劫另一個特點，是減輕桃花星的力量。地空地劫是紫微斗數各星曜之中力量最強的空曜，雖然地劫的名稱沒有一個「空」字，比屬於雜曜的「旬空」（全名「旬中空亡」）和「截空」（全名「截路空亡」）還要強得多。

地劫在命，古籍認為其人「作事疏狂，不行正道」①。「疏」就是不密，「疏狂」是狂放不羈。「狂」又可以解作偏離中道的「進取」。《論語．子路》：「子曰：『不得中行而與之，必也狂狷乎？狂者進取，狷者有所不為也。』」

① 見《紫微斗數捷覽（明刊孤本）〔原（彩）色本〕附點校本（全二冊）》，心一堂，二零一六，頁一五七。

地劫的疏狂，其實是不肯受約束拘束，於是不怕與社會常規（social norms）抵觸，不甚理會旁人的批評或指指點點，帶點我行我素的色彩。這類人，常帶點「與銀紙作對」的反社會心態和作風。但是這種與眾不同性格，在現代資訊發達的社會反而有可能得到廣大群眾追隨，又或者更容易得到大人物的賞識，例如富有的商人、顯貴的政客或政府高官等等。

此所以在現代算紫微斗數，不宜把地劫看得太過負面。

地空在命，則是「作事進退，成敗多端」①。「空」即是無有、空泛，就有不踏實、不實在的色彩，地空的「空」可以比地劫的「疏」還要更不實在。

地空的空，表徵為其人好空想幻想。許多時不計較成敗得失，喜歡做就去做。古代社會以實體經濟為主，空虛不實可能成為做買賣的大忌。現代經濟是實體與虛擬共存共生，對於好空想的人來說，就有比古代更廣闊的發揮空間。地空有利於抽象思維、冷門哲學、冷門學科等等，絕對可以成就事業於空中樓閣的意念。

因此現代算紫微斗數，亦不宜把地空看得太過負面。

---

① 見《紫微斗數捷覽（明刊孤本）〔原（彩）色本〕附點校本（全二冊）》，心一堂，二零一六，頁一五七。

第三節　祿權科忌四化曜

「四化」是化祿、化權、化科、化忌四星曜，但是這四化星不是另外獨立的星曜，卻由原來已存在的星曜，在特定的時限，轉化出祿、權、科、忌四種不同的性質。

至於由那些星曜參加四化，則由天干決定。出生年的天干、大運的天干、流年的天干，甚至流月、流日、流時在理論上也產生出一組四化。

不過筆者認為算命不必細推到流日流時，日常實務算命，只需要考慮生年、大運、流年、流月已經足夠。筆者本人極少分析到流月上去。

十干四化

十干四化以十句言句來幫助記憶，每句前一字是天干，後四字分別是化祿、化權、化科、化忌四曜的簡稱。十干四化眾說紛紜，以下是筆者用的一套：

甲：廉破武陽。

乙：機梁紫陰。

丙：同機昌廉。
丁：陰同機巨。
戊：貪陰陽機。
己：武貪梁曲。
庚：陽武府同。
辛：巨陽曲昌。
壬：梁紫府武。
癸：破巨陰貪。

化祿

化祿，主財祿、爵祿，又主感情。化祿與祿存合為雙祿，某個宮位同時見化祿和祿存，就成為「雙祿交流」格。

良性的化祿坐命，可以致富（或至少不貧困），感情滿足、精神愉快。

惡性的化祿坐命，可以影響健康，或因感情問題而破財。

紫府系八正曜之中，武曲、破軍、貪狼、廉貞四正曜都可以化祿。

日月系六正曜，即太陽太陰、天同天梁、天機巨門，全部都可以化祿。

化權

化權，主權力，又可表徵為管理力

良性的化權坐命，可以掌權，並正常行使權力。

惡性的化權坐命，一般令星系性質向陽剛刑剋的方向轉化，有時反而是行使權力時受阻，最嚴重的情況可以是喪失原有的權柄。

紫府系八正曜中，紫微、武曲、破軍、貪狼四正曜可以化權。

日月系六正曜，亦全部可以化權。

化科

化科的科，指古代的科舉考試，在現代是讀書考試易得好成績，由是引伸高學歷、專業資格、名譽等等，亦利於競爭。

良性的化科坐命，主易得良好名譽，亦利於學業、考試和競爭。此外，又因為得到名譽而心情愉快。

惡性的化科坐命，主得惡名，即是知名度高而大眾給予的評價不佳。亦可以表徵為自尊心過強而影響運勢。

紫府系八正曜，只有紫微、天府、武曲化科，餘皆不化科。而天府在庚干、壬干兩次化科。

日月系六正曜，太陽、太陰、天梁、天機都可以化科；天同、巨門不化科。

另外，文昌文曲雖然不是正曜，亦可化科。

化忌

四化之中，名義上是三吉一凶，但是芸芸眾生之中，富貴福壽的人少，貧賤孤夭的人多。此所以在紫微斗數反映出來的是化忌的影響和破壞經常遠遠大過同干的化祿、化權、化科。

化忌，主是非和嫉妒。

所謂「是非」，一指外人對當事人有不滿情緒，卻沒有向當事人直接反映或投訴，反而四出張揚。簡而言之，就是有人在外說你做錯了這、做錯了那。「是非」既可以在當事人的人際網絡中散播，也可以擴散到與當事人沒有交集的圈子去。

所謂「嫉妒」，可以理解為有人對當事人現在的地位、財富或「好景」看不順眼，於是要破壞當事人當下擁有的事物，可以包括名譽或財富。由是引伸為謠言、誹謗、攻擊和惡性競爭了。良性的化忌在命，多表徵為經歷磨煉之後，才可以得到較大的成就。過程艱辛難免，可以涉及精神上和肉體上的痛苦。如名譽受損、瀕臨傾敗邊緣等等的逆境。

惡性的化忌在命，一般難以避免經常遇到名譽受損、感情受創、錢財受困等等不良際遇。

紫府系八正曜之中，只武曲、廉貞、貪狼三正曜化忌。

日月系六正曜，則唯有天梁不化忌，餘五正曜皆化忌。

此外，文昌文曲亦可以化忌。

化忌星不喜與祿存同宮，因祿存必受擎羊陀羅兩煞相夾，化忌與祿存同宮，構成「羊陀夾忌」的不良格局，下文將有普查。

多干四化交涉

研習紫微斗數一段時間的朋友，許多都聽過看過「十干四化是紫微斗數變化的樞紐」。因為十天干不斷流轉，在人生不同時段，有不同的星曜化祿、化權、化科、化忌。這樣便有可能令到原本性質良好的星系在大運流年「化」出不良的效果，又或者不良的星系「化」出好的際遇。

許多既能化吉（祿權科），亦可化忌，兩干所化不同，便生出各種錯綜複雜的變化。

第一種情況，是原局吉化，大運流年再吉化。

例如甲年生人，四化是「廉破武陽」。大運行癸干，四化是「破巨陰貪」。

孤立這顆破軍來看，它是原局化權，大運化祿。常用術語是「破軍化權再化祿」或「破軍化祿衝化權」之類。

這個可以理解為，「破軍化權」的本質，在大運期間化生出「破軍化祿」的環境際遇。

但是按照「打破十二宮」的原則，我們就要看這個「破軍化權再化祿」在本大運是輪值甚麼宮位，然後回頭去看原局本宮的「本質」，經行本運該宮「破軍化權再化祿」的環境際遇了。

第二種情況，是原局吉化，大運流年再化忌。

例如甲年生人，四化是「廉破武陽」。大運行丙干，四化是「同機昌廉」。

孤立這顆廉貞來看，它是原局化祿，大運化忌。常用術語「廉貞化祿再化忌」或「廉貞化忌衝化祿」。

一般來說「忌衝祿」影響財祿和感情生命；「忌衝權」影響權位（有時還影響健康）；「忌衝科」影響名譽和精神享受。

實際吉凶情況，還要按「打破十二宮」的原則，再加正曜本質綜合判斷。

第三種情況，是原局化忌，大運再化吉。

例如天同在丙干化祿、丁干化權、庚干化忌。庚年生人，行丙干大運，這顆天同就是「天同化忌再化祿」。

於是有「祿衝忌」、「權衝忌」和「科衝忌」三種情況出現。

是吉是凶？

有兩種說法。

其一，是大運四化力量強過生年四化，此所以「天同化忌衝化祿」是向好處轉化。

其二，是紫微斗數原本吉化多於化忌，如果按前說，豈不是多一套四化便吉越多而凶越少？所以這一派認為「丙生年庚大運」的天同與「庚生年丙大運」的天同，其實都有「祿忌衝」的缺點。不認為「大運化祿」可以大幅抵銷「生年化忌」的壞影響！

按潘國森的理解，第二說比第一說稍勝。

為甚麼會有這個結論？

無非是簡單的算術。

原局命盤只有一套四化，是三吉比一凶，吉凶相減為二。

到了大運，變成生年和大運兩套四化。兩祿兩權兩科兩忌，是六吉比二凶，吉凶相減為四。再到了流年，更是生年、大運、流年三套四化。三祿三權三科三忌，是九吉比三凶，吉凶相減為六。如果三吉化可以跟化忌抵銷，越算下去更細更短的時限，豈不是越來越吉多凶少？

這樣顯然不合情理。

還有是生年與大運同干，如乙年生人，行乙干大運，二者的四化都是「機梁紫陰」，這四曜都連化兩次。成為：天機雙化祿、天梁雙化權、紫微雙化科、太陰雙化忌。

實務算紫微斗數的基本要求，是隨時可以在腦中研判本命（生年）、大運和流年三套四化①。

如果兩干相同，本命大運同干、本命流年同干、大運流年同干等三種情況的疊加效力不一樣，讀者宜心領神會，不必執一而死套。

如果三干相同，三化祿、三化權、三化科和三化忌所「化」出來的性質更強。

凡壬年生人和辛年生人都有機會走兩次雙化的大運，壬年生人可以走壬子、壬寅兩運，辛年生人可以走辛丑、辛卯兩運。於是有機會一生人走兩次三化的流年。

不過，有些命格一生都不走本命與大運同干的大運，因為沒有那麼長命。那就不存在流年「三化」的經歷了。以筆者為例，必須要活到虛齡九十一歲，才有緣遇上一次生年、大運、流

① 見《潘國森斗數教程（一）：入門篇》，心一堂，二零一六，頁一九一至一九二。

年同干的三化祿、三化權、三化科、三化忌。

算到流年，本命的一套四化，份量稍輕，但如果被大運或流年相關的化曜「衝起」，亦生作用。

算到流月，本命的一套四化，除非被「衝起」，否則可以置之不論，只需考慮大運、流年、流月三套四化即可。

原則上，還可再細推的流日（五套四化）和流時（六套四化）。但是在實際操作，筆者從來不建議內訓班同學算得太細，自己也極少看到流月。

第四節　四化進階

祿權科會只限四干

化祿、化權、化科三吉化齊會命宮，稱為「祿權科會」，是斗數中常見的大格。二十世紀中國軍政界強人蔣介石的命格即是「祿權科會」的大格局①。他大約有二十多年是中國最高領導人，權位之高，直可以跟帝制時代的皇帝媲美。

我們從十干四化的規律，可以得知只有四個天干有機會可以構成「祿權科會」的美格。

甲：廉破武陽。

廉貞、破軍、武曲都屬紫府系，便有條件同會於一宮。

丁：陰同機巨。

太陰、天同、天機、巨門都屬日月系，亦有條件同會於一宮。

甲丁兩干比較，似乎甲干還更有利些，因為太陽化忌不能照到命宮的三方四正。丁干的巨

① 見《斗數詳批蔣介石》，心一堂，二零一四，頁十四、頁一一四。

門化忌則有可能擾亂了祿權科會的純正。

餘下兩干就要看文星化科的配合。

丙：同機昌廉。

天同、天機屬日月系，如果文昌化科剛巧落在日月系的宮位，就有機會構成「祿權科會」，而且不受廉貞化忌影響。這點與甲干相似。

辛：巨陽曲昌。

巨門、太陽屬日月系，再會文曲化科就可以湊成「祿權科會」，但是亦有可能被文昌化忌「攪局」。這點又與丁干相似。

乙、戊、己、庚、壬、癸六干都不可以構成「祿權科會」，這樣算不算這六干年份出生的人先天比較吃虧？

這個不可一概而論。

「祿權科會」可以成為大格，但是大格不止「祿權科會」一種，所以不存在吃虧不吃虧的問題。倒是許多人誤會壬年生人會吃虧！

壬干四化最吃虧?

一般斗數入門教科書在討論四化時,經常會割裂得支離破碎。

論紫微時,常會說:「紫微不喜化權。」

論武曲時,常會說:「武曲最怕化忌。」

論天梁時,常會說:「天梁不喜化祿。」

但是「壬:梁紫府武」,壬干四化的化忌不好算是常規,但是連天梁化祿和紫微化權也屬「不喜」的級別,只剩下天府化科較少「惡評」。

那麼壬干出生的人豈不是很吃虧?

讀者如果仍記得筆者再三強調「各星曜都有吉凶兩面」,就不會被坊間成見誤導了!

下面談談十四正曜、文昌文曲與四化的關係。

紫微與四化

紫微不化祿。

如果我們用中國傳統的社會思想和制度考量,可知紫微既是「帝座」,皇帝不可以親自做生意，只可以當一個「精神領袖」。親自做生意賺錢的都是昏君！

諸葛亮《出師表》有云：「親賢臣，遠小人，此先漢所以興隆也；親小人，遠賢臣，此後漢所以傾頹也。先帝在時，每與臣論此事，未嘗不歎息痛恨於桓、靈也。」漢桓帝劉志（一三二至一六八）、漢靈帝劉宏（一五六至一八九）兩代皇帝都是昏君，直接導致東漢皇室衰落。漢靈帝可以說是一個「化祿」的皇帝①！

紫微在壬干化權（壬梁紫府武）。

時論認為紫微不喜化權，真相是凡紫微坐命，必以武曲坐財帛宮。於是乎，紫微化權坐命，亦必以武曲化忌坐財帛宮！財星化忌坐財帛宮，自然有缺點。

但是缺點歸缺點，任何星曜或星系，都有吉凶兩面。只紫微化權和武曲化忌也可以因為配合得宜而發揮優點，不可一概而論。

紫微化權只要得百官朝拱，所會的武曲化忌又不受惡曜影響，仍然可得富貴。不過武曲化

---

① 《資治通鑑・漢紀・光和元年（公元一七八）》：「初，帝（漢靈帝）為侯時常苦貧，及即位，每歎桓帝不能作家居，曾無私錢，故賣官聚錢以為私藏。」因為漢桓帝無子，以堂姪劉宏入繼大統，是為靈帝。靈帝認為桓帝不會積財，於是公開賣官斂財。甚至自為商販！《資治通鑑・漢紀・光和四年（公元一八一）》：「是歲，帝作列肆於後宮，使諸采女販賣，更相盜竊爭鬥；帝著商賈服，從之飲宴為樂。」這位荒唐皇帝在皇宮後苑辦了一座「商業城」！

忌容易引起財務困難和糾紛，只需留意不利的大運流年，不作超出個人實力的財務承擔，就不會出現大問題。

惡性的紫微化權，會增加紫微的主觀性質，甚至轉化為頑固，成為不肯納諫的躁決君皇，此時所會財帛宮的武曲化忌多為惡性，表徵為經常破財，自然影響人生的成就和物質享用。

紫微在乙干化科（乙機梁紫陰），凡紫微化科，不可能會照同干化祿、化權和化忌。一般教科書都強調紫微最喜化科，其中一個原因是紫微化科必定會不上同干的太陰化忌。

良性的紫微化科，增加星系的信用和名譽。

惡性的紫微化科，則會影響星系性質轉化為自尊心過強，有錯不認。

紫微不化忌。

如果是缺錢、無權、只得虛名的皇帝，就是落難皇帝。

惡性的紫微，一般都沒有百官朝拱，所會煞忌多，就等於有化忌的性質。

紫微星系的吉凶，主要取決於有沒有百官；見不見祿星；見不見忌星；天府天相的善惡；四煞空劫的輕重等等因素。如果吉星少而凶星多，然後才兼看性質不良的雜曜，以便推理出更多細節。

天府與四化

天府不化祿。

如用紫微斗數正曜化氣的說法來理解，就是庫房只負責管錢，不負責生財。天府只要得祿，即是三方四正見祿存或化祿都可以。

天府不化權。

天府是南斗主星，而且庫房本身已隱含財務的管理權，天府只要會得百官朝拱，就等同於有化權的好處。

此外，天府與七殺永遠相對，因為七殺遇紫微化氣為權。如天府的對宮是良性的七殺，也可以令天府得到近似化權的效果。

至於七殺的吉凶則請讀者參考下文對七殺的論述。

天府兩次化科，一為庚干（庚陽武府同），一為壬干（壬梁紫府武）。

為甚麼唯獨天府化科兩次？

其實十干四化的爭議，源於不同門派系統的師傳差異。學斗數的朋友，只能先依老師所教去研習。如果過了一段時間之後，從實務歸納出的經驗，發覺師說可能有毛病，就可以考慮參考其他門派的說法。

常見的解釋是天府與武曲的關係。天府和武曲都是財星，天府是庫房，擅於儲財；武曲則長於生財。武曲化權和武曲化忌都令武曲轉化為更加剛強剛烈的性質，生財時便更需要一個有信譽的庫房做後盾。此說可參考。

天府不化忌。

不見祿星的天府叫「空庫」，「空庫」而見煞則叫「露庫」。無百官朝拱而煞重的「露庫」，再加有陰損性質的雜曜，就有化忌的效果。

此外，天府的對宮永遠坐七殺，如果七殺的性質過度剛剋，亦會拖累到天府也帶化忌的壞處。

天府星系的吉凶，要看有祿無祿，煞輕煞重，天相吉凶和七殺吉凶等因素合參。

天相與四化

天相與七殺是十四正曜中沒有四化的兩顆正曜。

天相不化祿。

只要天府得祿，或天相得祿，即有近似化祿的性質。

天相不化權。

但是玉璽印章本身已具權力。如果天相星系有百官朝拱，即有化權效果。

天相不化科。

「橡皮圖章」不能獲取名譽，只用印的人才會得到良好名譽，或者因身邊的人、事、物而損害個人名譽。

天相不化忌。

天相是特別重視夾宮正曜，「刑忌夾印」即等同化忌。

天相前一宮必坐巨門，後一宮必坐天梁。

假如巨門宮位有化忌星同宮，天梁便會發揮「刑」的性質，這時夾在中間的天相便是「刑忌夾印」

假如巨門宮位有化祿星同宮，天梁便會發揮「蔭」的性質，這時夾在中間的天相便是「財蔭夾印」，等同有化祿的性質。

天相星系的吉凶，要看夾宮、祿、百官，與及天府吉凶、破軍吉凶等因素合參。

武曲與四化

武曲是財星，擅於以行動生財；跟太陰之擅於以計劃生財；和天府之擅於守財不同。

武曲四化齊備。

武曲在己干化祿（己武貪梁曲）。

財星化祿，進財更容易。武曲化祿又有可能會照貪狼化權，這樣就湊成祿權會的結構，雖然氣勢不及祿權科會，但是只要配合得宜，便可得富貴。不過武曲化祿不喜會照文曲化忌，每每成為破敗的主因。晉代巨富石崇（公元二四九至三零零）的命格，是紫微天相在辰宮守命①，武曲化祿天府在子宮財帛宮守身，七殺祿存在午宮對照武曲化祿，形成雙祿交流。但是事業宮（古稱官祿宮）有文曲化忌破局。所以石崇雖得富貴，最後的下場是抄家殺頭。化祿星會化

① 石崇命盤見本書附錄。

忌星，即是《太微賦》講的：「祿逢衝破，吉處藏凶。」①石崇的命格即是一例。

武曲在庚干化權（庚陽武府同）。

武曲化權增大了權力，可以執掌財權，但是亦同時增加「寡宿」的意味。武曲化權有可能會照天府化科。凡是命宮見化科、化權同會，都會增加權力和名譽。

武曲在甲干化科（甲廉破武陽）。

武曲化科增強在錢財上面的信譽，又因為同時會照廉貞化祿，可以改善財運（凡武曲在命，財帛宮必見廉貞）②。

武曲在壬干化忌（壬梁紫府武）。

武曲化忌影響財運，若在命宮，事業宮必見紫微化權③。如果紫微得百官朝拱，事業規模可以開展得比較大，但因武曲化忌在命之故，不宜自行經營，以免常受財困。

① 見《紫微斗數全書（明末清初木刻真本）【原（彩）色本】》，心一堂，二零一七，頁七。
② 見《潘國森斗數教程（一）：入門篇》，心一堂，二零一六，頁一六六。
③ 見《潘國森斗數教程（一）：入門篇》，心一堂，二零一六，頁一六六。

武曲星系的吉凶，很受四化的影響，因為武曲有齊祿權科忌四化，十干生人有四干見化星，所以變化可以很大。多見煞星會加強武曲的剛剋和「寡宿」的性質，由是影響人際關係。

七殺與四化

七殺是上將之星，不參與四化。

七殺不化祿。

七殺既是將星，只負責領兵打仗，不負責經濟農商。古時軍隊元帥要錢糧，當然根據皇命向國庫支取。對宮天府庫藏富盈，就有近似化祿的好處。

七殺不化權。

但是遇紫微化氣為權。元帥當然有好的領導力、管理力，否則不能有效指揮軍隊。俗語有云：「韓信點兵，多多益善。」韓信（公元前二三零年至前一九六年）是「漢初三傑」之一，為西漢開國功臣。漢高祖劉邦（公元前二五六年至前一九五年）稱譽他為：「連百萬之軍，戰必勝，攻必取，吾不如韓信。」①

① 見司馬遷《史記・高祖本紀第八》。

七殺不化科。

將星與科名不協調，皆因文武有異。七殺的名譽，亦來自北斗主星紫微，或南斗主星天府。

七殺不化忌。

但是七殺是十四正曜之中，其中一顆比較不喜歡煞星的正曜。煞重即如化忌，尤不喜煞重而長生十二神的「絕」同宮。

七殺星系的吉凶，很受紫微和天府影響。紫微關係到七殺的權力，天府關係到七殺是殺氣重還是轉為祥和。

凡七殺坐命身宮，一生多有一次以上的破敗，故行事宜腳踏實地，不尚浮誇，以減輕突如其來的損失，以防一蹶不振。

破軍與四化

破軍在癸干化祿（癸破巨陰貪）。

「耗星」得祿，有如先鋒大將獲分配額外的糧草（現代則再加燃料彈藥）。但是破軍化祿在命，必有貪狼化忌在事業宮①。破軍化祿同樣必會貪狼化忌，卻不似紫微化權之必會武曲化忌被說成「不喜」，怪哉。這只能說是習慣使然。所以破軍化祿亦可以有貪狼化忌這個缺憾，讀者不可不察。

破軍在甲干化權（甲廉破武陽）。

耗星化權，亦能增加權力，如果同時會照廉貞化祿或武曲化科，或兩者皆見，則聲勢更大。不過此時太陽化忌必落在六親宮位，有可能影響整體人際關係。甲干廉貞化祿、武曲化科同論，在此補充一下。

破軍不化科。

將星與科名無緣，此則破軍與七殺同論。而先鋒大將雖然立得軍功，但也不能跨過主帥或皇帝兩出名搶鋒頭，故不化科。

破軍不化忌。

破軍與七殺都不喜煞重，殺重即如化忌。

① 見《潘國森斗數教程（一）：入門篇》，心一堂，二零一六，頁一六七。

破軍星系的吉凶，要看有祿無祿、天相的吉凶和煞星的輕重。

貪狼與四化

貪狼戊干化祿（戊貪陰陽機）。

貪狼為「正桃花」，本質為「慾望」。貪狼化祿增加慾望，尤主情慾。凡貪狼化祿，必不會同干的化權、化科和化忌。

貪狼己干化權（己武貪梁曲）。

貪狼化權亦主增強慾望，尤主物慾。貪狼化權，有可能會照武曲化祿，見前述。

貪狼不化科。

貪狼既主桃花與慾望，貪狼在命之人多擅長交際應酬，所以比較容易在小圈子中成為焦點，不必化科亦主名譽。

貪狼癸干化忌（癸破巨陰貪）。

一般斗數入門教科書都說「貪狼最不怕化忌」，其中一個原因是必會破軍化祿，還有第二個原因是必有前一宮的巨門化權和後一宮的太陰化科相夾①。如果貪狼化忌在命宮，必有破軍化祿在財帛宮，巨門化權在父母宮和太陰化科在兄弟宮。所以雖然化忌，仍得會化祿和被化權和化科所夾。《斗數骨髓賦》有云：「夾權夾科世所宜。」②貪狼化忌天生就是「科權夾」的結構。

貪狼化忌的本質是慾望不能滿足，有可能表徵為情慾物慾都有缺失，即是精神和物質的享用都有欠解。但是亦有可能只是當事人的內心不滿足，而不一定是連正常的情慾和物慾都有欠。

貪狼星系的吉凶，要考量慾望是加強、減弱還是轉化。貪狼的慾望可以粗略分為情慾和物慾，二者可以平衡，亦可以出現惡性的偏向，也可以重情輕物、重物輕情。慾望還可以減弱到低於常人常情，這時又可能轉為宗教思想和實踐。桃花（即情慾）又可以轉為藝術。

貪狼自身化祿、化權還是化忌，見那些煞曜、那些六吉，見不見地空地劫，見不見桃花雜曜等等，都要綜合評斷。

---

① 見《潘國森斗數教程（一）：入門篇》，心一堂，二零一六，頁一六七。

② 見《紫微斗數捷覽（明刊孤本）〔原（彩）色本〕附點校本（全二冊）》，心一堂，二零一六，頁八五。又見《紫微斗數全書（明末清初木刻真本）【原（彩）色本】》，心一堂，二零一七，頁四二。

廉貞與四化

廉貞甲干化祿（甲廉破武陽）。

廉貞與貪狼同屬桃花，但是一正一副，相反相成。貪狼偏向物質、廉貞偏向精神。廉貞化祿既可以增加感情色彩，亦可以將感情歸向正道正途，吉凶視乎配合。

凡廉貞化祿在命，必見武曲化科在事業宮①，擇業可以按照廉貞星系與武曲星系孰優孰劣取決。

廉貞不化權。

廉貞與紫微、武曲在三合局相會，這三顆正曜都可以跟天府、天相、七殺、破軍、貪狼同宮。但是廉貞的性質遠不及紫微和武曲穩定，於是更容易受府相殺破狼五曜的影響。廉貞的權力，來自掌權的天府、天相和七殺，這在古籍講得明明白白②。

① 見《潘國森斗數教程（一）：入門篇》，心一堂，二零一六，頁一六六。

② 見《紫微斗數全書（明末清初木刻真本）【原（彩）色本】》卷二：「廉貞……遇府相左右有威權，……昌曲七殺立武功……」，心一堂，二零一七，頁九五。

廉貞不化科。

廉貞與貪狼同為桃花，貪狼擅於交際應酬，廉貞亦擅於與不同階層、不同背景的人溝通聯繫。此所以兩顆桃花正曜都不必化科便易得知名度。

廉貞丙干化忌（丙同機昌廉）。

廉貞屬感情性質的正曜，化祿則感情趨於穩定，化忌則主感情受傷。廉貞化忌見煞，是化氣為「囚」的主要條件。但是十四正曜都有吉凶兩面，廉貞化忌亦然。廉貞化忌於子午卯酉四宮（子午宮廉貞天相對破軍、卯酉宮廉貞破軍對天相）坐命，可以構成橫發橫破的運勢。①

廉貞是十四正曜之中吉凶變化反差最大的星曜。

廉貞星系的吉凶，既受化祿化忌、吉凶星曜多寡左右，還受到會照的紫微、武曲，與及有可能同宮或對照的天府、天相、七殺、破軍、貪狼各正曜的善良凶惡性質影響。

① 見《紫微斗數全書（明末清初木刻真本）【原（彩）色本】》卷二：「六丙人坐子午卯酉宮橫發橫破不耐久。」心一堂，二零一七，頁九五。

太陽與四化

太陽在庚干化祿（庚陽武府同）。

命宮坐太陽化祿，必有天同化忌在夫妻宮①，由是影響婚姻。太陽化氣為「貴」，人生發展利於先名後利。如果構成富局，亦要注意樹立良好聲譽。在人，是提高學歷和知名度；在物，則是專注在產品或勞務的商譽。

太陽在辛干化權（辛巨陽曲昌）。

太陽與巨門的關係，在十四正曜之中甚為特殊，因為兩正曜永遠相見！

讀者如果熟悉十四正曜的佈局，當知「紫陽系」的紫微、武曲、廉貞，和「府陰系」的七殺、破軍、貪狼都在三方相會。但是因為貪狼對宮沒有正曜的緣故，紫微、武曲、廉貞都會參與「借星安宮」。而天府永遠對照七殺、天相永遠對照破軍，這四正曜就不參與「借星安宮」。

至於太陽和巨門兩曜，因為「日月系」正曜有較多「借星安宮」的機會，太陽和巨門不論落在子丑寅卯何宮，經借星後必然會照。

① 見《潘國森斗數教程（一）：入門篇》，心一堂，二零一六，頁一六六。

換言之，紫微斗數十四正曜之中，有三組正曜永遠相見，即：

天府對七殺。

天相對破軍。

太陽會巨門。

所以凡是辛干四化，太陽化權和巨門化祿在十二宮都必然相會。巨門化祿與太陽化權兩曜相會，利於與異國人、異族人、異鄉人交往和合作。

太陽在戊干化科（戊貪陰陽機）。

太陽化科在命，易得名譽，但福德宮必坐天機化忌。有可能會太陰化權，構成「日月科權」的格局。但是即使能得富貴，仍因福德宮的天機化忌影響，待人處世不宜過度算計，抱與人為善之宗旨為宜。

太陽在甲干化忌（甲廉破武陽）。

凡太陽化忌，必不會祿權科三吉化。太陽主散，化忌後更易招惹是非怨尤。凡太陽化忌在命，皆宜從事帶有是非、口舌等負面性質的行業為佳，此即趨吉避凶之道。

太陽星系的吉凶，須考慮多重因素。

第一是日夜生人之別。寅時到未時生，為日生人，以太陽為中天主星；申時到翌日丑時生，為夜生人，以太陰為中天主星。日生人太陽坐命，得百官朝拱時，比夜生人太陽不是主星為佳。

第二是太陽廟旺閒陷之別。一般而言，太陽在廟旺宮位者，與男親關係較佳；若得名譽，則知名度範圍較大。太陽在閒陷宮位反之。

第三是太陽四化齊備，祿權科忌都可以轉化星系性質。

其餘見諸吉則吉，見諸凶則凶，與其他正曜同。

太陰與四化

太陰在丁干化祿（丁陰同機巨）。

太陰化祿在命，巨門化忌必在福德宮①。於是在財運改善的同時，精神享受則變差。

太陰化祿又有可能會照天同化權或天機化科，甚至兩者皆會，構成「祿權科會」的吉格，但是同時必有巨門化忌在福德宮，不能十全十美。

① 見《潘國森斗數教程（一）：入門篇》，心一堂，二零一六，頁一六七。

太陰在戊干化權（戊貪陰陽機）。

太陰化權在命，是財星化權，利於當事人執掌財權，或從事財務工作。有可能會照太陽化科或天機化忌，或二者皆會。

太陰在癸干化科（癸破巨陰貪）。

太陰化科在命，是財星化科，利於建立名譽，同時有巨門化權在福德宮①。

太陰在乙干化忌（乙機梁紫陰）。

凡太陰化忌在命，必見天梁化權在事業宮②，主進財受阻。擇業時可以借助天梁化權的性質趨吉避凶，天梁化權為監察之星，故以帶挑剔他人工作表現和成效的行為為宜，如法律、核數等。

太陰星系的吉凶，首先要辨別日生人和夜生人。夜生人以太陰為中天主星，得百官朝拱則力量更大，可得富貴。

① 見《潘國森斗數教程（一）：入門篇》，心一堂，二零一六，頁一六七。

② 見《潘國森斗數教程（一）：入門篇》，心一堂，二零一六，頁一六七。

其次是太陰的廟旺閒陷，廟旺則與女親關係良好。

還有是「上弦月」與「下弦月」之別。紫微斗數的定義與日常天文常識不同，初一至十四出生為上弦月，十六至三十出生為下弦月。十五則在上下弦之間的盛衰交界，反而不及上弦月。上弦月是月月亮由月缺趨向月圓，代表月光漸亮，不斷進步；下弦月是亮由月圓趨向月缺，代表月光漸暗，不斷退減。所以一般以上弦月的人生發展比下弦月為佳。

再有四化齊備，祿權科忌都可以轉化星系性質。

最後，仍是見諸吉則吉、見諸凶則凶了。

天同與四化

天同在丙干化祿（丙同機昌廉）。

天同化祿增加天同福星的感情色彩。凡天同化祿坐命，必見天機化權在事業宮①，若再會文昌化科，即構成「祿權科會」的美格。

① 見《潘國森斗數教程（一）：入門篇》，心一堂，二零一六，頁一六七。

天同在丁干化權（丁陰同機巨）。

天同化權令天同福星的感情趨向穩定。天同化權在命，天機化科必在事業宮①，同時有可能會照太陰化祿或巨門化忌，或二者皆見。星系組合可以很複雜。

天同不化科。

天同為福星，重視精神略多於物質，享福比出名更重要，故不化科。

天同在庚干化忌（庚陽武府同）。

天同化忌一般令天同福星有福不得享。但是如果成為「反格」，則是歷盡艱辛而得富貴的格局，福澤有欠亦「值得」。凡天同化忌在命，必有太陽化祿在福德宮②。

天同星系的吉凶，在於天同福星的精神、感情向甚麼方向轉化。既不喜享福過度而需要有煞星刺激，也不喜精神受挫過度而失去志向和人生目標。以吉星多而稍帶煞星為宜。

① 見《潘國森斗數教程（一）：入門篇》，心一堂，二零一六，頁一六七。
② 見《潘國森斗數教程（一）：入門篇》，心一堂，二零一六，頁一六七。

天梁與四化

天梁在壬干化祿（壬梁紫府武）。

天梁為蔭星，化祿突顯蔭庇的力量，天梁化祿不會同干的化權、化科、化忌，此特點與戊干貪狼化祿相同。坊間入門書籍有以天梁不喜化祿為辭，這要按古代社會環境去理解。中國古代社會重貴輕富、重官輕商。天梁有挑剔性質，當官亦做監察職系、刑法職系，這些公職最忌積財，此所以明清兩代術家認為天梁化祿宜從商不宜入仕。

現代社會遇上天梁化祿的星系，可以選擇有蔭庇性質的行業，舉凡醫藥、福利、慈善、社會工作等，都是花耗公帑的崗位，便不畏天梁化祿。

天梁在乙干化權（乙機梁紫陰）。

凡天梁化權在命，必見太陰化忌在財帛宮。這樣的結構適宜從事監察類型的工作，但不宜自己經營規模較大的事業。

天梁在己干化科（己武貪梁曲）。

天梁化科可以比喻為有信譽的法官或監察人員。天梁化科不會同干的化祿化權，卻可以解文曲化忌之惡。

天梁不化忌。

天梁本身就有「刑」和「忌」的性質，有凶有難，才可以「逢凶化吉」、「遇難呈祥」。

天梁稍見煞曜，即會出現諸般毛病，煞重即等於化忌的壞處。

天梁星系的吉凶，變化亦可以很大。吉曜凶曜的組合，只影響格局高低、成就大小。

凡天梁在命宮、身宮、遷移宮，甚至大運流年命宮，則待人接物之時，凡事都要退讓三分，戒驕戒傲，並提防小人，方能趨吉避凶，建功立業。換言之，大運流年遇天梁，亦宜一時謙退忍讓；命格如此，則一生必遵之座右銘。

天梁蔭星必須後天人事補救，為其獨特性質，習紫微斗數者不可不知！

天機與四化

天機在乙干化祿（乙機梁紫陰）。

天機化祿之後，機敏靈動的性質會加強。凡天機化祿，有可能會遇上天梁化權或太陰化忌，或兩者皆見。

天機在丙干化權（丙同機昌廉）。

天機化權之後，增加天機的穩定。凡天機化權在命，天同化祿必在財帛宮①，如再會文昌化科，亦構成「祿權科會」的佳格。

天機在丁干化科（丁陰同機巨）。

天機化科之後，增加聰明才智。凡天機化科在命，天同化權必在財帛宮②，如再見太陰化祿，亦構成「祿權科會」，但是亦有可能同時會照巨門化忌，造成破格。

天機在戊干化忌（戊貪陰陽機）。

天機化忌，每主謀略出錯，生平以向善為宜，切忌自作聰明。凡天機化忌坐命，必以太陽化科在夫妻宮③，多主配偶外向熱情。亦有可能會照太陰化權。

---

① 見《潘國森斗數教程（一）：入門篇》，心一堂，二零一六，頁一六六。

② 見《潘國森斗數教程（一）：入門篇》，心一堂，二零一六，頁一六六。

③ 見《潘國森斗數教程（一）：入門篇》，心一堂，二零一六，頁一六六。

天機星系吉凶，因四化齊備而變化甚大。其餘見諸吉則吉、見諸凶則凶，又為一般原則。天機化氣為「善」，前文已有解說，在此再次強調，願讀者心領神會。

巨門與四化

巨門在辛干化祿（辛巨陽曲昌）。

巨門化祿在命，一般能令多言的巨門變得圓滑，由是改善當事人的人際關係，凡巨門化祿必會太陽化權（見前述）。如見文曲化科，即可構成「祿權科會」，但亦有可能受文昌化忌破壞，與丁干之「陰同機巨」相似。

巨門在癸干化權（癸破巨陰貪）。

巨門化權在命，增強當事人言語的說服力，且太陰化科必在夫妻宮①，主配偶有內才。

巨門不化科。

因為巨門有多言的特點，不必化科已能在人際圈子中為人所知。

① 見《潘國森斗數教程（一）：入門篇》，心一堂，二零一六，頁一六七。

巨門在丁干化忌（丁陰同機巨）。

巨門化忌多主惡性的口舌之爭，坐命者宜以口舌求財，即是工作性質是多帶爭論或多廢唇舌的任務，如法律、推銷、講課等等。這與巨門化祿性質相同，但是巨門化祿尚可求名，巨門化忌則不宜求名，寧可低調，即所謂「悶聲發財」。巨門化忌在命，必見太陰化祿在夫妻宮①，可得美滿婚姻。

巨門星系的吉凶，先要看有無化祿、化權、化忌。次看有煞無煞，有煞則是多是少。再看太陽的性質，是廟是陷、吉凶星曜多寡等等，才可以綜合評斷。不過，凡巨門坐命身宮，一生皆宜深自謙抑，緊記勿出鋒頭為是。

文昌文曲與四化

十四正曜之中，唯有天相和七殺完全沒有四化。

餘下十二正曜，再加文昌文曲兩助曜，共是十四星曜有四化。

文昌文曲不是正曜，沒有化祿和化權。只有化科和化忌。

① 見《潘國森斗數教程（一）：入門篇》，心一堂，二零一六，頁一六七。

文昌文曲是文星，化科主科名，可以比喻為在古代科舉考試之中合格中式，引伸為喜慶或文書之喜，文書之喜在現代又可以是政府公文，甚至股票。在科舉時代，教育不普及，大部份中國人都不識字，所以即使命帶文星，甚至化科，亦不見得可以考中秀才、舉人、進士等等。

文昌文曲化忌，則是科名失利、文書失誤或喪服等，還有感情受騙。引伸為考試或競爭失利、投資票據破財等等。

此外，文昌化忌或文曲化忌坐落巨門宮位，亦可以對天相宮位構成「刑忌夾印」格。

文昌在丙干化科（丙同機昌廉）。

文曲在己干化忌（己武貪梁曲）。

文曲化科必與文昌化忌同時在辛干出現（辛巨陽曲昌）。

餘下一個問題，到了推算大運流年時，遇上丙、己、辛三干，究竟是那個文昌文曲參加四化？是原命盤的昌曲，還是大運流年的流昌流曲？

有論者認為要用大運流年的流昌流曲，亦有人認為命盤的昌曲會流昌曲合參。

筆者的觀點是文星化科化忌只能用命盤的文昌文曲。

否則，任何人在丙大運丙流年都只能以申宮的流昌化科，其餘己干辛干同論。

我們可以考察一下剛過去的二零一六年丙申年，或是六十年前一九五六年丙申年。因為任何人都是流年流昌入命，如果以流昌化科而不是原局文昌化科，便是任何人都是流年文昌化科坐命，人人都有文書之喜！這樣就不合理了！

同理，我們看看一九八九年己巳，流年流曲入巳宮，如果由流曲在己年化忌而不是命盤文曲化忌，豈不是任何人在己巳流年都文曲化忌入命、都有文書失誤？這樣也顯然不合理。

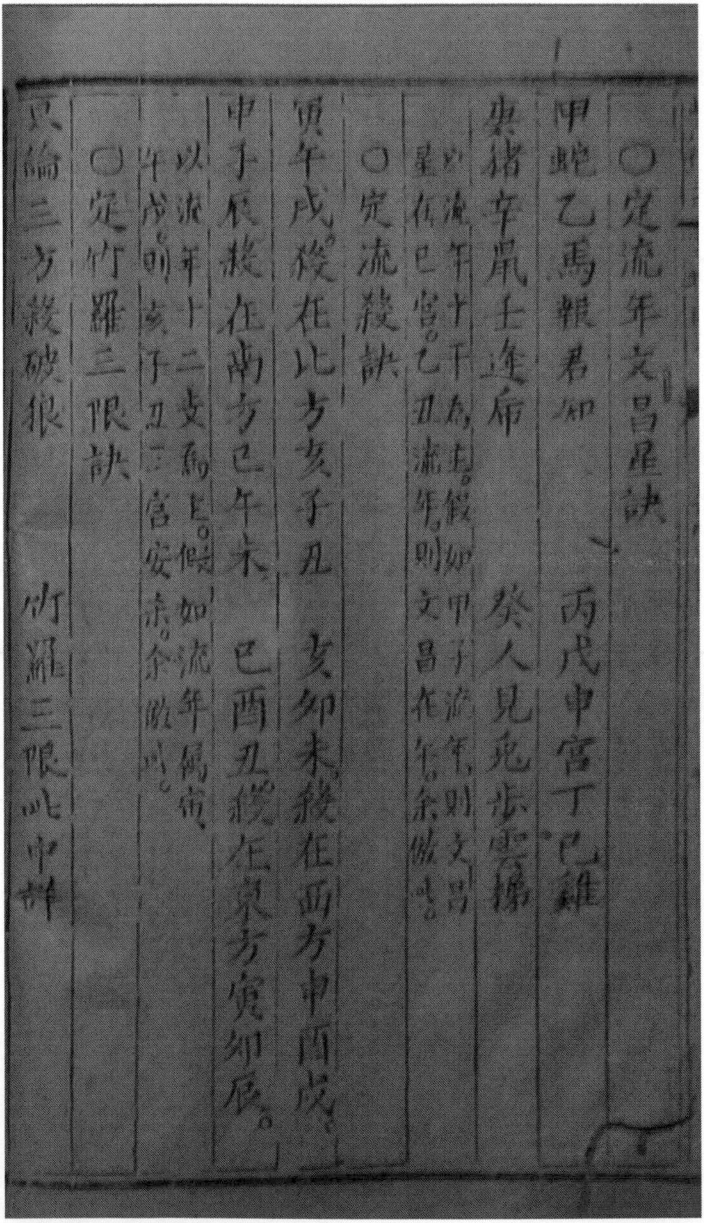

○定流年文昌星訣

甲蛇乙馬報君知　丙戊申宮丁己雞

庚豬辛鼠壬逢虎　癸人見兔步雲梯

以流年十干為主。假如甲子流年，則文昌星在巳宮。乙丑流年，則文昌在午。余倣此。

○定流殺訣

寅午戌殺在北方亥子丑　亥卯未殺在西方申酉戌

申子辰殺在南方巳午未　巳酉丑殺在東方寅卯辰。

○定竹羅三限訣

以流年十二支為主。假如流年屬寅午戌，則亥子丑三宮安殺。余倣此。

只論三方殺破狼　竹羅三限此中群

《紫微斗數捷覽（明刊孤本）〔原（彩）色本〕附點校本（全二冊）》，心一堂，2016，〈定流年文昌星訣〉。

第五節　十干「羊陀夾忌」

凡「羊陀夾忌」在命，必為祿存與化忌同宮。前一宮父母宮必坐擎羊，後一宮兄弟宮必坐陀羅，影響人際關係。父母宮兼看與上司關係，兄弟宮兼看與平輩及同事關係，故此凡「羊陀夾忌」都要注意人際關係，預防受到上司及同事的影響。

陽男陰女大運順行，第二位大運以原局父母宮為命宮，必坐擎羊；陰男陽女下運逆行，第二大運以原局兄弟宮為命宮，必坐陀羅。此為先天缺憾，如果原局命宮正曜不喜羊陀，第二大運即為化忌經行擎羊或陀羅，已非佳運。

此下詳論十干「羊陀夾忌」坐命。

圖廿七：甲干羊陀夾忌正格
（太陽巨門在寅）

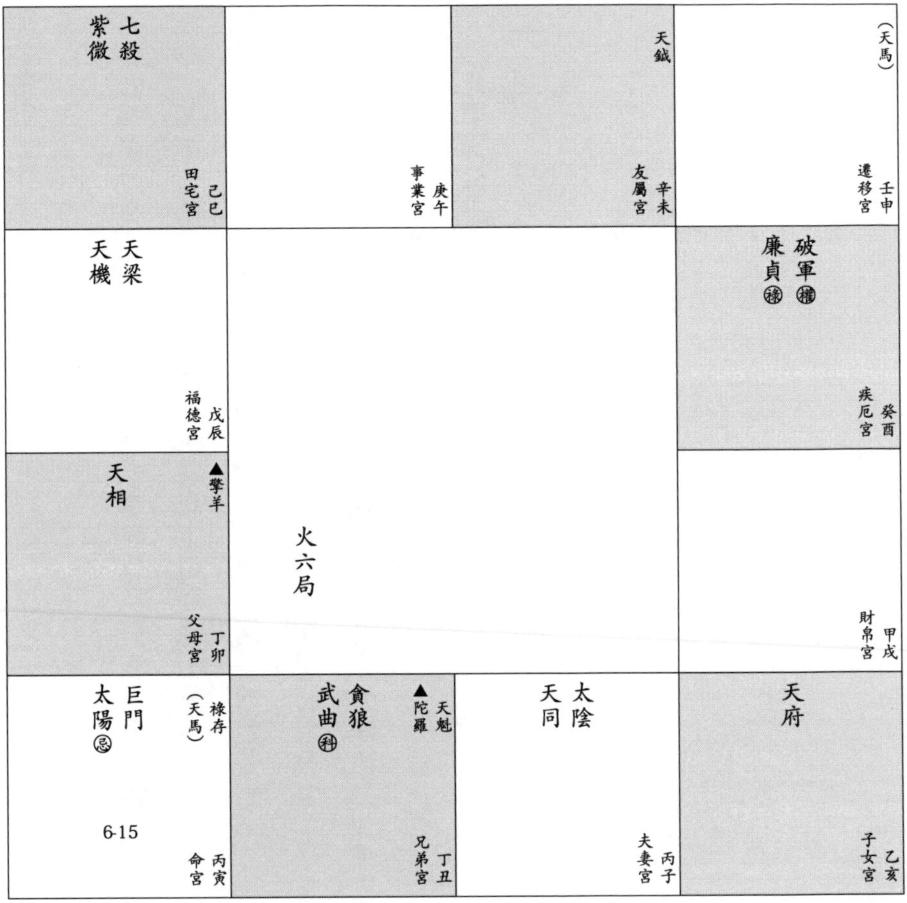

甲干羊陀夾忌

甲干太陽化忌，甲祿在寅。

故甲干「羊陀夾忌」坐命必在寅宮，是為太陽巨門同宮的星系。

此格因父母、兄弟兩宮都會齊祿權科三吉化和天魁天鉞貴人，兩宮都是吉凶交集。父母宮天相更構成「刑忌夾印」。

甲年為陽年，年支子寅辰午申戌，故天馬在寅宮或申宮，是為「羊陀夾忌」兼「祿馬交馳」兩格。

凡命宮在陽宮，必為「陽月陽時」或「陰月陰時」出生①。本局天魁天鉞已在未丑兩宮（甲年生），若在「陽月陽時」生，則左輔右弼、文昌文曲都落陽宮②，有可能會照到命宮寅宮；若在「陰月陰時」出生，則這個「羊陀夾太陽化忌巨門」的命造，就不得六吉星照命。

但因有「祿馬交馳」，日生人太陽主星亦有「百官朝拱」，因為必會龍池鳳閣對星。

---

① 見《潘國森斗數教程（一）：入門篇》，心一堂，二零一六，頁一一四。

② 見《紫微斗數古訣辨正》，心一堂，二零一七，頁四一至四六。

凡陽年生人，火星鈴星都同步落入陰宮或陽宮，申子辰年生人在陽宮起子時（火星在寅、鈴星在戌），寅午戌年生人在陰宮起子時（火星在丑、鈴星在卯）①，有可能在父母宮構成火鈴羊陀「四煞並照」的劣局。陽年生人，命盤可能有某些宮位見「四煞並照」（有「四煞並照」就多數還有「三煞並照」）。陽年生人，也可能火鈴與羊陀分家，命盤完全沒有「四煞並照」或「三煞並照」出現（如蘇軾命造②）。

此格男命陽男，大運順行：丙寅、丁卯、戊辰、己巳、庚午、辛未、壬申……。初運不利，三十後才有轉機。

此格女命陽女，大運逆行：VV、丁丑、丙子、乙亥、甲戌、癸酉、壬申……。行運勝於男命。

① 見《潘國森斗數教程（一）：入門篇》，心一堂，二零一六，頁一八一。

② 見本書附錄。

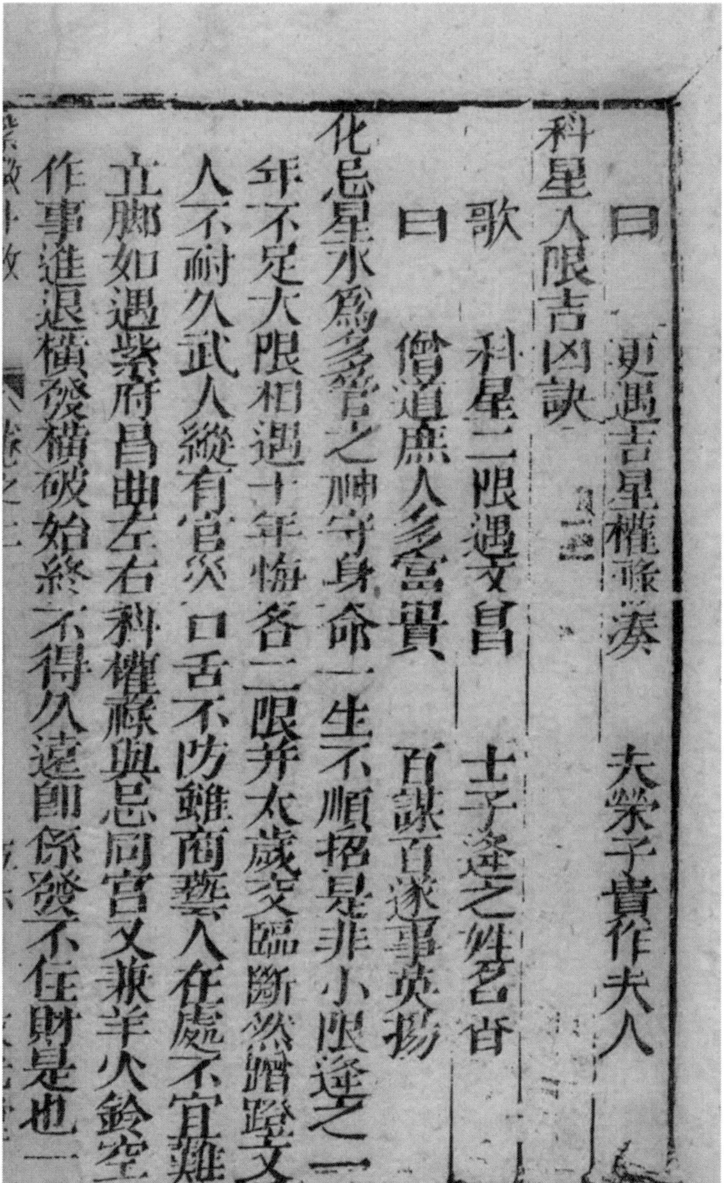

《紫微斗數全書（明末清初木刻真本）》，心一堂，2017，〈化忌星〉。

天府 田宅宮 己巳	太陰 天同 事業宮 庚午	貪狼 武曲㊌ 天鉞 友屬宮 辛未	巨門 太陽㊋ (天馬) 遷移宮 壬申
福德宮 戊辰	火六局		天相 疾厄宮 癸酉
破軍㊍ 廉貞㊏ ▲擎羊 父母宮 丁卯			天梁 天機 財帛宮 甲戌
祿存 (天馬) 6-15 命宮 丙寅	天魁 ▲陀羅 兄弟宮 丁丑	夫妻宮 丙子	七殺 紫微 子女宮 乙亥

圖廿八：甲干羊陀夾忌偏格
（太陽巨門在申借入寅宮）

甲干羊陀夾忌偏格

甲祿在寅，已有羊陀夾。如果太陽化忌巨門星系由申宮借入寅宮，借入後同樣可以形成「羊陀夾忌」，是為「甲干羊陀夾忌」的偏格。

這樣借星形成的偏格，性質與正格有很大的差異。

首先，正格是太陽化忌巨門在寅宮坐命，純粹是太陽巨門的性質，且太陽廟旺，借會的太陰亦廟旺，又是「日月並明」的格局。偏格是太陽化忌巨門在申宮借入寅宮守命，則是太陽（申宮落陷）巨門、天同太陰（午宮落陷）、天機天梁三星系會照命宮的性質，又屬「日月反背」，不是純粹的太陽巨門。

再者，正格在男命第二個大運丁卯，走天相運，還要太陽巨門兩化忌的雙重「刑忌夾印」運；但是偏格男命第二大運丁卯，卻是廉貞破軍祿權運，雙重「刑忌夾印」在遷移宮。於是正格第二運利遷移，偏格第二大運不利遷移，人生的際遇就大不相同了。

此外，還有一種可能，就是本宮無正曜，祿存和化忌都從遷移宮借入。即是命宮申宮無正曜，太陽化忌巨門和祿存在寅宮，理論上也可以全部一起借入申宮。但是按照筆者的理解，這樣的羊陀夾已改為間接，只是遷移宮為「羊陀夾忌」，不作命宮「羊陀夾忌」論。

巨門 （天馬） 辛巳 福德宮	廉貞 天相 壬午 田宅宮	天梁㊗權 癸未 事業宮	七殺 天鉞 甲申 友屬宮
貪狼 ▲擎羊 庚辰 父母宮	土五局		天同 乙酉 遷移宮
太陰㊗忌 祿存 己卯 命宮 5-14			武曲 丙戌 疾厄宮
紫微㊗科 天府 ▲陀羅 戊寅 兄弟宮	天機㊗祿 己丑 夫妻宮	破軍 天魁 戊子 子女宮	太陽 （天馬） 丁亥 財帛宮

圖廿九：乙干羊陀夾忌（太陰在卯）

乙干羊陀夾忌

乙干太陰化忌，乙祿在卯。

故此乙干「羊陀夾忌」，必為太陰在卯宮落陷化忌。

命宮為陰宮，「陽月陰時」或「陰月陽時」出生，左輔右弼與文昌文曲永不相會。因天魁天鉞在陽宮（子與申），祿存天馬在陰宮（祿在卯、馬在巳或亥），全局六吉祿馬分佈得比較平均。

陰年生人，火星鈴星必也分家，一落陽宮、一落陰宮。陰年生人，鈴星在戌宮起子時；巳酉丑年生人，火星在卯宮起子時；亥卯未年生人，火星在酉宮起子時。

陰年生人，命盤沒有任何一宮見火鈴羊陀「四煞並照」，但必有些宮位見「三煞並照」（如乾隆帝與石崇命造）。

此格男命陰男，大運逆行：己卯、戊寅、己丑、戊子、丁亥、丙戌、乙酉……。戊運天機化忌，並非佳運，且一生受化忌影響。

此格女命陰女，大運順行：己卯、庚辰、辛巳、壬午、癸未、甲申、乙酉……。行運勝於男命。

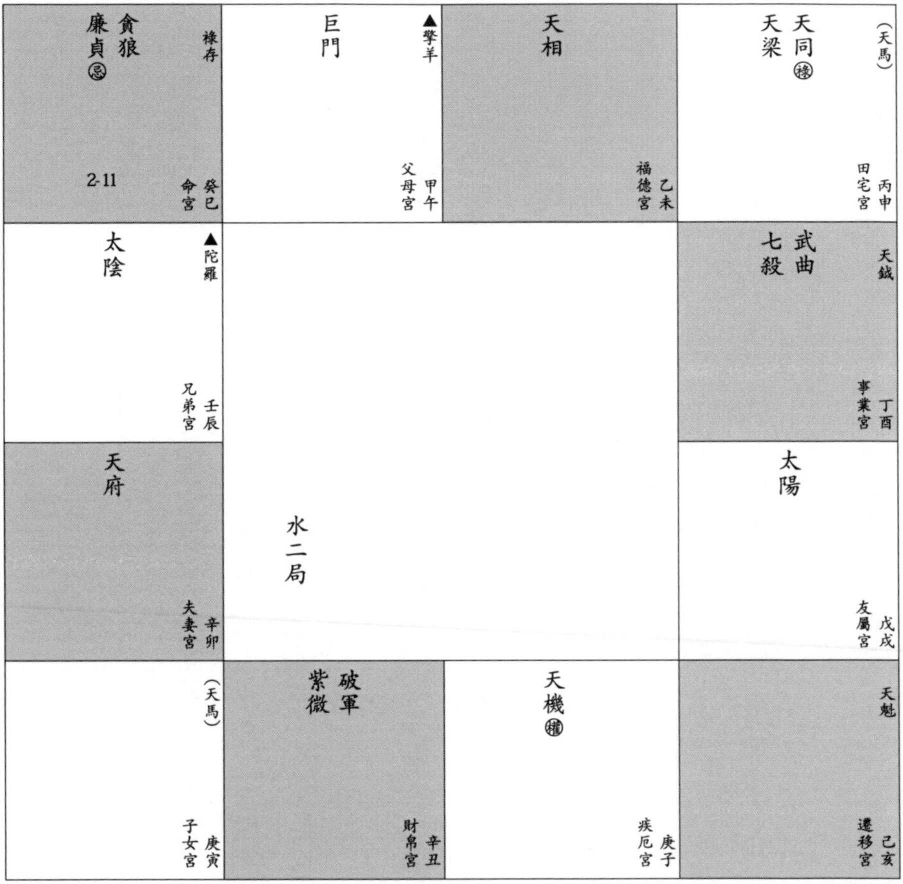

圖三十：丙干羊陀夾忌正格
（廉貞貪狼在巳）

丙干羊陀夾忌正格

丙干廉貞化忌，丙祿在巳。

故丙干「羊陀夾忌」為廉貞化忌貪狼在巳宮。

丙年為陽年，陽年影響火星鈴星的佈局，以及天馬的位置（陽年必入寅或申宮）。申子辰年生人，火星在寅宮起子時，鈴星在戌宮起子時。寅午戌年生人，火星在丑宮起子時，鈴星在卯宮起子時。讀者可參考上文「甲干羊陀化忌」所述，火鈴羊陀四煞星的可能配置，以下戊干、庚干、壬干同論。

「丙干羊陀夾忌」在巳宮，為陰宮。文昌文曲、左輔右弼的佈置，可參考上文「乙干羊陀夾忌」所述。

本格財帛宮為紫微破軍，寅宮借星後，構成「祿權夾」的吉格，可按財帛宮的好處規劃人生、趨吉避凶。

此格男命大運順行：癸巳、甲午、乙未、丙申、丁酉、戊戌、己亥……。

女命大運逆行：癸巳、壬辰、辛卯、庚寅、辛丑、庚子、己亥……。

讀者可自行審視各大運，按運干飛星粗略推算吉凶順逆，從而判別此「丙干羊陀夾忌」的格局高下。

祿存 2-11 癸巳 命宮	天機(權) ▲擎羊 甲午 父母宮	紫微 破軍 乙未 福德宮	(天馬) 丙申 田宅宮
太陽 ▲陀羅 壬辰 兄弟宮	水二局		天府 天鉞 丁酉 事業宮
武曲 七殺 辛卯 夫妻宮			太陰 戊戌 友屬宮
天同(祿) 天梁 (天馬) 庚寅 子女宮	天相 辛丑 財帛宮	巨門 庚子 疾厄宮	貪狼 廉貞(忌) 天魁 己亥 遷移宮

圖卅一：丙干羊陀夾忌偏格
（廉貞貪狼在亥，借入巳宮）

丙干羊陀夾忌偏格

凡「羊陀夾忌」的宮位命宮無正曜（如本例廉貞貪狼坐巳宮，及上文太陽巨門坐寅宮），則可以有多一個偏格，即是本宮無正曜而有祿存，在對宮借入忌星，才被羊陀所夾。

這樣借星，命宮星系就是廉貞化忌貪狼、天相、天府四正曜會命，不是純粹的廉貞貪狼，合「府相朝垣」格，不合「殺破狼」格。不單化忌的力量和性質減輕，還有少了殺破狼格的動蕩多變。

其餘可參考前述「丙干羊陀夾忌」。

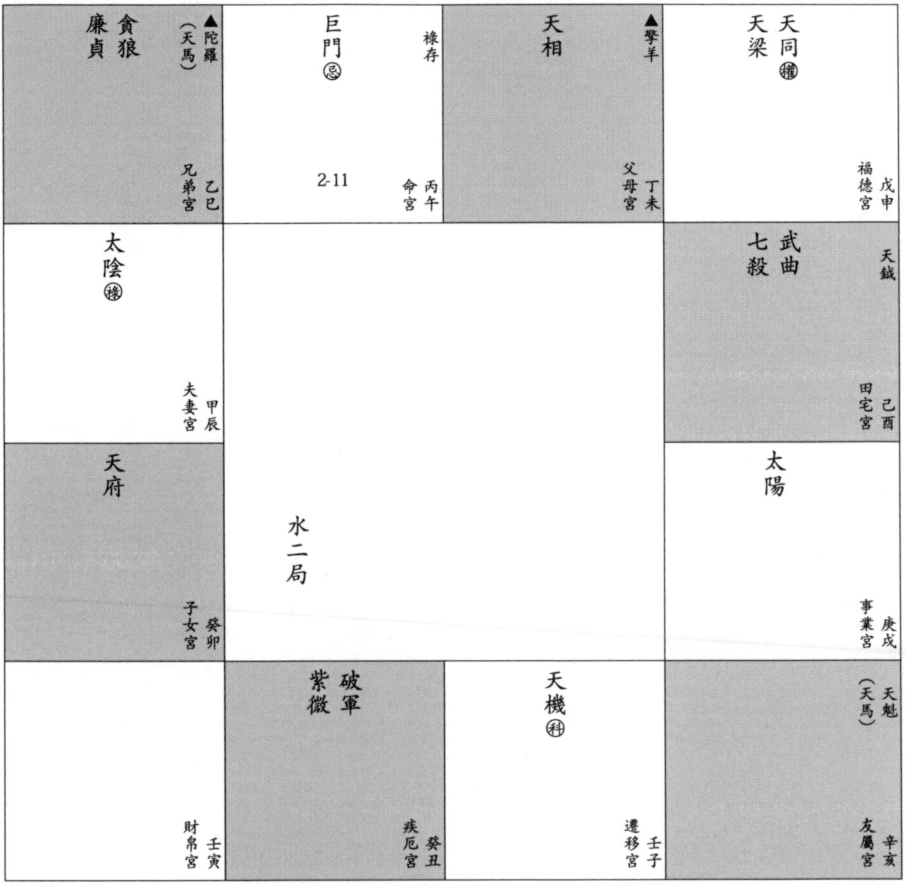

圖卅二：丁干羊陀夾忌（巨門在午）

丁干羊陀夾忌

丁干巨門化忌，丁祿在午。

故「丁干羊陀夾忌」，必為巨門化忌在午宮，對照天機化科。

此格為「石中隱玉」的破格。

陰年生人，決定了火星鈴星的佈置規律，以及天馬的位置，讀者可參考前文，作為練習。

命宮在陽宮，則文昌文曲和左輔右弼總是容易交會，亦不贅論，作為讀者練習之用。

本宮男命大運逆行：丙午、乙巳、甲辰、癸卯、壬寅、癸丑、壬子……。

女命大運順行：丙午、丁未、戊申、己酉、庚戌、辛亥、壬子……。

不論男女命，少年運感情多阻滯，中年後始稍解。

天機(忌) 祿存 丁巳 命宮 5-14	紫微 ▲擎羊 戊午 父母宮	天鉞 己未 福德宮	破軍 (天馬) 庚申 田宅宮
七殺 ▲陀羅 丙辰 兄弟宮			辛酉 事業宮
天梁 太陽(科) 乙卯 夫妻宮	土五局		天府 廉貞 壬戌 友屬宮
天相 武曲 (天馬) 甲寅 子女宮	巨門 天同 天魁 乙丑 財帛宮	貪狼(祿) 甲子 疾厄宮	太陰(權) 癸亥 遷移宮

圖卅三：戊干羊陀夾忌（天機在巳）

戊干羊陀夾忌

戊干天機化忌，戊祿在巳。

故必為天機化忌在巳宮守命。

會日月科權，而且太陽太陰皆入廟，可善用此兩星系作為趨避參考。

陽年生人，陰宮安命。文昌文曲、左輔右弼、火星鈴星的佈置，請參考前述。

男命大運順行：丁巳、戊午、己未、庚申、辛酉、壬戌、癸亥……。

女命大運逆行：丁巳、丙辰、乙卯、甲寅、乙丑、甲子、癸亥……。不喜乙運太陰化忌而兩次經行乙運，是本格特點。

▲陀羅 (▲火星) (天馬) 己巳 兄弟宮	文曲(忌) 祿存 5-14 庚午 命宮	▲擎羊 辛未 父母宮	文昌 天鉞 壬申 福德宮
右弼 戊辰 夫妻宮		己年七月寅時	△地空 癸酉 田宅宮
丁卯 子女宮	土五局		左輔 甲戌 事業宮 身宮
丙寅 財帛宮	△地劫 丁丑 疾厄宮	天魁 ▲鈴星 丙子 遷移宮	(▲火星) (天馬) 乙亥 友屬宮

圖卅四：己干羊陀夾忌（文曲在午）

己干羊陀夾忌

己干文曲化忌，己祿在午。

故「己干羊陀夾忌」，必為文曲化忌在午宮安命。

文曲不是正曜，雖然入「羊陀夾忌」格，仍須參考是十四正曜之中，是甚麼星系在午宮安命。如果是武曲化祿天府坐命，則形成「祿逢衝破」的敗局，還要是「羊陀夾忌」的雙重敗局。又如果是天梁化科坐命，則天梁化科能解文曲化忌之惡，與武曲化祿大異其趣。又因文昌入申宮，除非寅宮無正曜而借入申宮的文昌，否則本格會形成文曲化忌單星的結構。凡文星化忌都不喜只見單星，讀者可再參考下文「對星」的詳論。

此格可以有十二種不同的正曜格局，讀者可以自行重建，作為練習。

凡文曲坐午宮，必為寅時生人。由命宮在午逆推，必為七月寅時生，於是身宮必在事業宮。左輔右弼、火星鈴星各曜都有落腳點了。

因未知正曜，女順男逆的各大運也就無從研判吉凶了。

文曲化忌亦可以從子宮借入午宮，但是只限於天同太陰星系，是特殊格局。讀者可自行逆推，作為練習。

貪狼 廉貞 辛巳 子女宮	巨門 壬午 夫妻宮	天相 天鉞 ▲陀羅 癸未 兄弟宮	天同忌 天梁 祿存 (天馬) 2-11 甲申 命宮
太陰 庚辰 財帛宮			武曲權 七殺 ▲擎羊 乙酉 父母宮
天府科 己卯 疾厄宮	水二局		太陽祿 丙戌 福德宮
(天馬) 戊寅 遷移宮	破軍 紫微 天魁 己丑 友屬宮	天機 戊子 事業宮	丁亥 田宅宮

圖卅五：庚干羊陀夾忌正格
（天同天梁在申）

庚干羊陀夾忌正格

庚干天同化忌，庚祿在申。

故「庚干羊陀夾忌」為天同化忌天梁在申宮。

此為「機月同梁」的另格，除了天機太陰在寅申宮安命之外，天同天梁在寅申宮安命亦然，此格亦可稱為「同梁機月」以資識別。二者都是在日月系六曜之中，不見太陽巨門會照到命宮。

陽年生人、陽宮安命。昌曲、輔弼、火鈴等助曜的佈置可參考前述。

男命大運順行：甲申、乙酉、丙戌、丁亥、戊子、己丑、戊寅……。

女命大運逆行：甲申、癸未、壬午、辛巳、庚辰、己卯、戊寅……。

辛巳 子女宮	天機 壬午 夫妻宮	天鉞 ▲陀羅 破軍 紫微 癸未 兄弟宮	祿存（天馬） 2-11 甲申 命宮
太陽㊗祿 庚辰 財帛宮			▲擎羊 天府㊗科 乙酉 父母宮
武曲㊗權 七殺 己卯 疾厄宮	水二局		太陰 丙戌 福德宮
（天馬） 天同㊗忌 天梁 戊寅 遷移宮	天魁 天相 己丑 友屬宮	巨門 戊子 事業宮	貪狼 廉貞 丁亥 田宅宮

圖卅六：庚干羊陀夾忌偏格

（天同天梁在寅，借入申宮）

庚干羊陀夾忌偏格

偏格是申宮命無正曜、祿存入守，借入寅宮的天同化忌天梁。故不是「同梁機月」格，而是天同化忌、天梁、太陽化祿、巨門同會命宮，祿忌相會、祿馬交馳。

不過，這樣反而得「紫府夾命」，因為南北斗主星相夾，長輩和平輩都比自身有領導力。如果與人合作創業經營，因兄弟宮為紫微破軍見魁鉞，雖得平輩提挈，只能當個「小弟」式的助手。

此為本格特式。

其餘可參考前述正格。

文曲(科) (天马) 癸巳 財帛宮	天魁 甲午 子女宮	乙未 夫妻宮	▲陀羅 丙申 兄弟宮
(▲火星) 壬辰 疾厄宮	辛年九月丑時		文昌(忌) 祿存 6-15 丁酉 命宮
辛卯 遷移宮	火六局		▲擎羊 △地空 (▲火星) 戊戌 父母宮
右弼 天鉞 庚寅 友屬宮	辛丑 事業宮	左輔 △地劫 庚子 田宅宮	▲鈴星 (天马) 己亥 福德宮 身宮

圖卅七：辛干羊陀夾忌（文昌在酉）

辛干羊陀夾忌

辛干文昌化忌，辛祿在酉。

故辛干羊陀夾忌必為文昌化忌在酉宮。

文昌亦非正曜，故仍需參考命宮正曜星系，方可對命格得出更精確的評價。

文昌在酉，必生於丑時，命宮在酉，則必為九月生。

可以推定文曲化科在巳宮，故命宮必會文昌化忌與文曲化科對星。

其餘可參考前述「己干羊陀夾忌」。

文昌化忌亦可以從卯宮借入酉宮，共有三種可能，即紫微貪狼、太陽天梁和天機巨門三星系。

天相 天鉞 乙巳 遷移宮	天梁(祿) 丙午 疾厄宮	七殺 廉貞 丁未 財帛宮	(天馬) 戊申 子女宮
巨門 甲辰 友屬宮	金四局		己酉 夫妻宮
貪狼 紫微(權) 天魁 癸卯 事業宮			天同 ▲陀羅 庚戌 兄弟宮
太陰 天機 (天馬) 壬寅 田宅宮	天府(科) 癸丑 福德宮	太陽 ▲擎羊 壬子 父母宮	破軍 武曲(忌) 祿存 4-13 辛亥 命宮

圖卅八：壬干羊陀夾忌（武曲破軍在亥）

壬干羊陀夾忌

壬干武曲化忌，壬祿在亥。

故「壬干羊陀夾忌」必為武曲化忌破軍在亥宮。

陽年生人，陰宮安命，規範了文昌文曲、左輔右弼和火星鈴星的佈置。讀者可參考前述，作為練習。

男命大運順行：辛亥、壬子、癸丑、壬寅、癸卯、甲辰、乙巳……。壬運武曲雙化忌、癸運貪狼化忌衝起武曲化忌，兩皆不宜，此格兩走壬癸運，受困四十年！

女命大運逆行：辛亥、庚戌、己酉、戊申、丁未、丙午、乙巳……。大運多見化忌相侵。

故此許多斗數教科書強調「壬干羊陀夾忌」為劣格，其實已參考各大運。

天鉞 (天馬) 天機 丁巳 友屬宮	紫微 戊午 遷移宮	己未 疾厄宮	破軍㊭ 庚申 財帛宮
七殺 丙辰 事業宮	金四局		辛酉 子女宮
天魁 天梁 太陽 乙卯 田宅宮			天府 廉貞 壬戌 夫妻宮
天相 武曲 甲寅 福德宮	▲擎羊 巨門㊫ 天同 乙丑 父母宮	祿存 貪狼㊱ 4-13 甲子 命宮	▲陀羅 (天馬) 太陰㊕ 癸亥 兄弟宮

圖卅九：癸干羊陀夾忌（貪狼在子）

癸干羊陀夾忌

癸干貪狼化忌，癸祿在子。

故「癸干羊陀夾忌」必為貪狼化忌在子宮。

讀者至此應該可以根據有限資料，推出更多細節，故在此不贅論，只點出已知基本情況，供讀者作為練習。

本格為陰年生人，陽宮安命。

男命大運逆行。

女命大運順行。

貪狼入命宮或身宮、廟主高聳肥胖，陷主形小聲高，生性愛動不耐靜，作事好高而務遠。此星為第一惡星，奸詐險狠，諸惡俱備，酒色財氣，四字俱犯。廟入辰戌丑未四墓或落空亡，則反能習正，見諸吉又見火鈴立武功名，有大富貴。陷男浪蕩，女淫貧，酒色喪身，與廉同躔不純潔，且遭官刑，與羊陀同躔為屠宰，與昌曲同躔不實，與武同躔諂佞奸貪，自私自利，無公念，與紫同躔如無制，是無益之人，惟面身帶破相，可延壽。女命，廟見諸吉貴，陷見諸凶賤。

巨門入命宮或身宮、廟主長聳肥胖，敦厚清秀，多學多能。陷主五短瘦小，性多疑，與人寡合，面是背非，初善終惡，祿惟能化其凶。廟見諸吉貴，陷見諸凶不佳，見日吉凶參半，見羊陀男女邪淫，見火鈴無紫制祿壓凶。女命，廟見諸吉，貞貴壽，陷見諸凶，賤或夭。

天相臨命宮或身宮，主相貌敦厚，言語誠實，有惻隱心，抱不平氣，好飲食，多慷慨，生平不變志改行。廟見諸吉富貴，陷見諸凶亦有高等技術謀生，前途吉利，惟見火鈴則殘疾。女命，廟見諸吉聰明端莊，老過丈夫，作命婦，

《斗數命理新篇》，心一堂，2018，貪狼星入命宮。

第四章 借星

第一節 空宮借星

紫微斗數所用的「星曜」都是虛星，即是與天上運行的天體（如日月五星）和不動星辰（如二十八宿）都無關係。

「七政四餘」之學則有用實星，包括太陽、月亮、水星、金星、火星、木星和土星等七政，以及紫氣、月孛、羅睺和計都四個天文點（可以視為虛星）。「七政四餘」在天上運行，與黃道十二宮和二十八宿交涉，便產生種種反映人間世事的預測推斷。「七政四餘」與西方流行的占星術（Astrology）同源，但是西洋占星沒有紫氣月孛和二十八宿。

「七政四餘」和西洋占星既用實星，就不需要「借星安宮」。

紫微斗數用虛星，而且只分十二宮而沒有將每宮分成三十度，實際上只有十二個點，這樣就有「借星安宮」的需要。

現時紫微斗數術家，於借星一事，可以分為「借星」的一派，和不「借星」的一派。要解決分歧，唯有各師各法，不必爭拗。除非發覺自己過去學的一派似乎靠不住，才可能要參考另說。

紫微在寅申兩宮時，十二宮都有正曜，沒有空宮，不必借星。

紫微在子午、丑未、卯酉、辰戌八宮，各有兩個空宮。

紫微在巳亥兩宮，多達四個空宮。

紫微子午兩空宮

紫微在子宮。

丑宮無正曜，對宮未宮坐天同巨門。

卯宮無正曜，對宮酉宮坐太陽天梁。

紫微在午宮。

未宮無正曜，對宮丑宮坐天同巨門。

酉宮無正曜，對宮卯宮坐太陽天梁。（見圖四十）

圖四十　紫微在子午，兩空宮

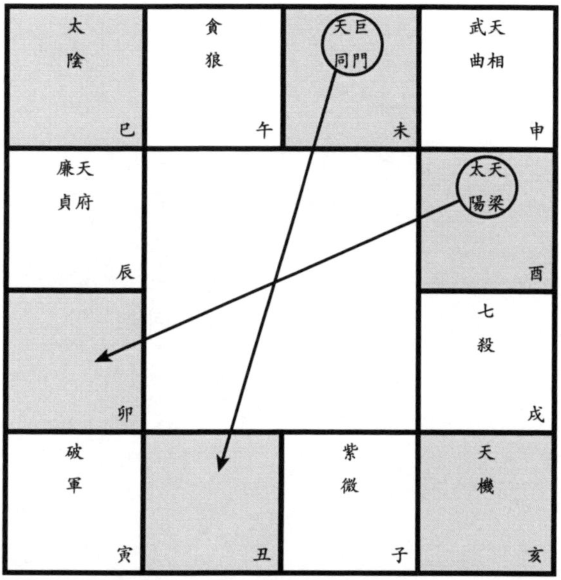

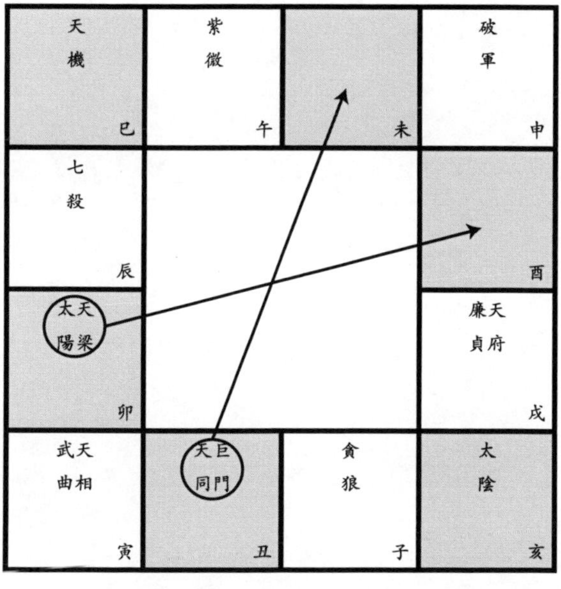

紫微丑未兩空宮

紫微在丑宮。

寅宮無正曜，對宮申宮坐天同天梁。

亥宮無正曜，對宮巳宮坐廉貞貪狼。

紫微在未宮。

申宮無正曜，對宮寅宮坐天同天梁。

巳宮無正曜，對宮亥宮坐廉貞貪狼。

（見圖四一）

圖四一：紫微在丑未，兩空宮

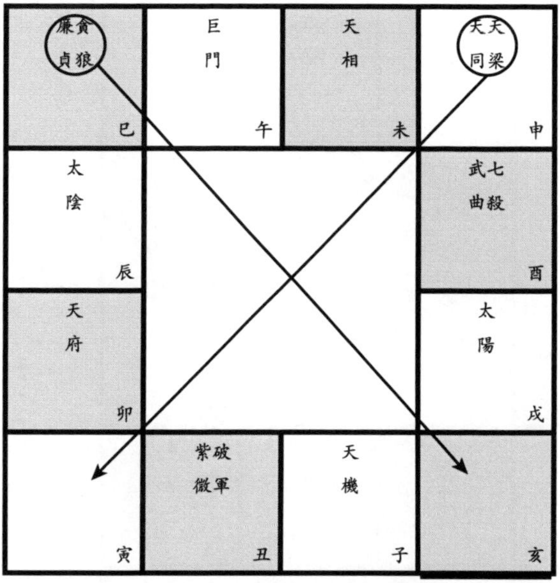

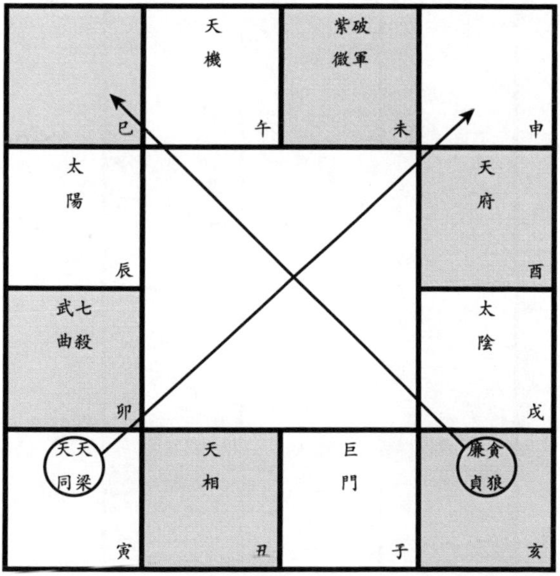

紫微寅申無空宮

紫微在寅申兩宮都是十二宮有正曜，沒有空宮，不用借星。（見圖四二）

圖四二：紫微在寅申，無空宮

巨門 巳	廉天 貞相 午	天梁 未	七殺 申
貪狼 辰			天同 酉
太陰 卯			武曲 戌
紫天 微府 寅	天機 丑	破軍 子	太陽 亥

太陽 巳	破軍 午	天機 未	紫天 微府 申
武曲 辰			太陰 酉
天同 卯			貪狼 戌
七殺 寅	天梁 丑	廉天 貞相 子	巨門 亥

紫微卯酉兩空宮

紫微在卯宮。

申宮無正曜，對宮寅宮坐天機太陰。

酉宮無正曜，對宮卯宮坐紫微貪狼。

紫微在酉宮。

寅宮無正曜，對宮申宮坐天機太陰。

卯宮無正曜，對宮酉宮坐紫微貪狼。（見圖四三）

圖四三：紫微在卯酉，兩空宮

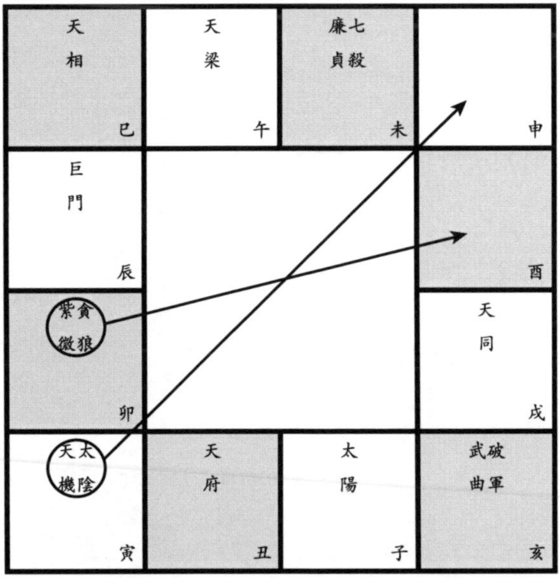

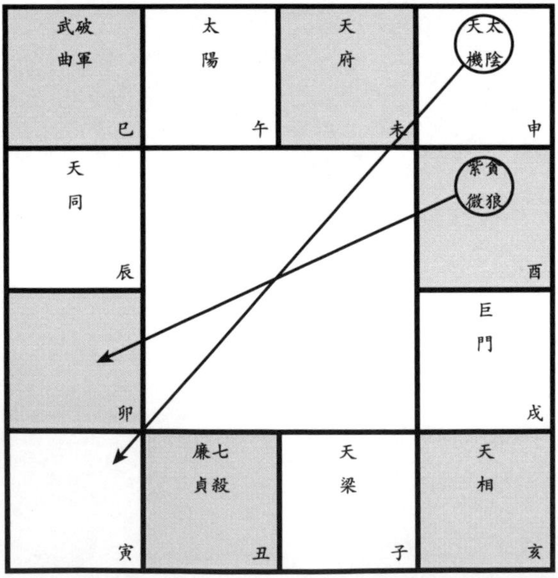

紫微辰戌兩空宮

紫微在辰宮。

未宮無正曜，對宮丑宮坐太陽太陰。

酉宮無正曜，對宮卯宮坐天機巨門。

紫微在戌宮。

丑宮無正曜，對宮未宮坐太陽太陰。

卯宮無正曜，對宮酉宮坐天機巨門。（見圖四四）

圖四四：紫微在辰戌，兩空宮

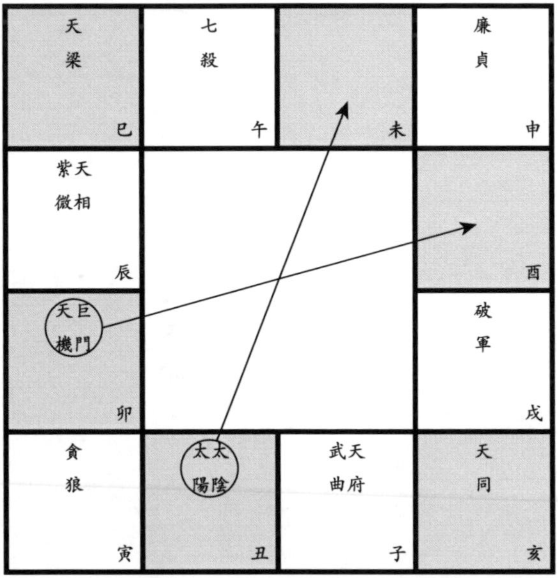

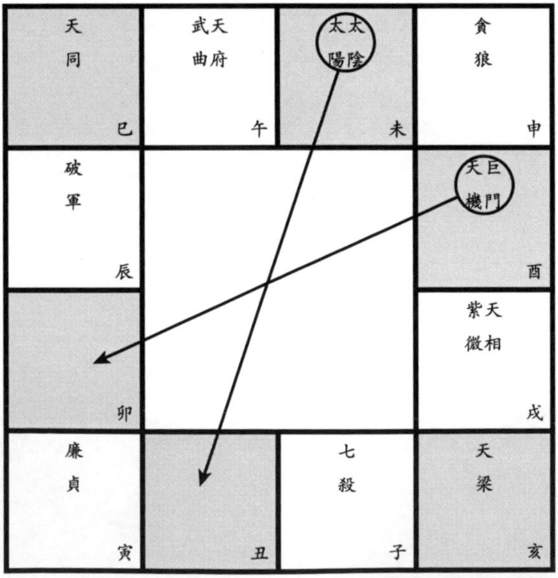

紫微巳亥四空宮

紫微在巳宮。

午宮無正曜，對宮子宮坐天同太陰。

未宮無正曜，對宮丑宮坐武曲貪狼。

申宮無正曜，對宮寅宮坐太陽巨門。

戌宮無正曜，對宮辰宮坐天機天梁。

紫微在亥宮。

子宮無正曜，對宮午宮坐天同太陰。

丑宮無正曜，對宮未宮坐武曲貪狼。

寅宮無正曜，對宮申宮坐太陽巨門。

辰宮無正曜，對宮戌宮坐天機天梁。（圖四五）

圖四五：紫微在巳亥，四空宮

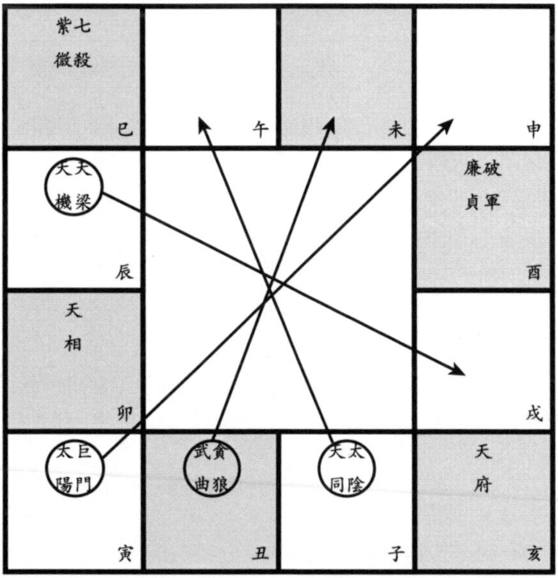

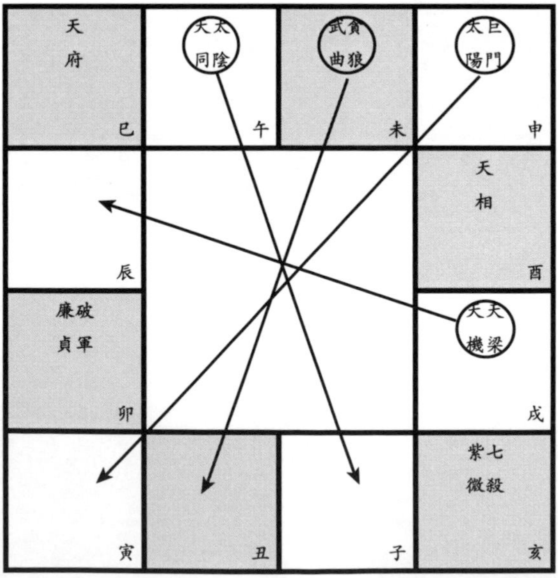

借星宮位及正曜組合

天府七殺永遠相對，天相破軍亦永遠相對，故此這四正曜都不參加「借星安宮」。

其餘借星的宮位分列如下：

子午宮見空宮，必為天同太陰。
丑未宮見空宮，可以是武曲貪狼、太陽太陰、天同巨門。
寅申宮見空宮，可以是太陽巨門、天機太陰、天同天梁。
卯酉宮見空宮，可以是紫微貪狼、太陽天梁、天機巨門。
辰戌宮見空宮，必為天機天梁。
巳亥宮見空宮，必為廉貞貪狼。

紫府系星系，凡借星必牽涉貪狼，配合紫微、武曲、廉貞，共三組。
日月系星系，借星共有九組，太陽、天同、天機交涉太陰、天梁、巨門。

借星與對星

凡「借星安宮」，除了正曜之外，宮內的十四助曜（六吉祿馬和四煞空劫）和許多雜曜亦同時要借。（長生十二神、博士十二星、歲前十二星、將前十二星不借）

吉曜吉化隨正曜借，則惠及更多宮位。命盤上如果有部份六吉星隨正曜而借，有可能令原本見單星的宮位改變為湊成對星，這在推斷時可以成為關鍵。

凶曜化忌隨正曜借，則禍及更多宮位。

紫微斗數百多顆正曜助曜雜曜是每一個命盤都有，但是有些命造吉多凶少，有些命造凶多吉少，其中一個原因就是借星安宮的影響，多借吉星則吉星多派用場，多借凶星則凶星為害更廣。

第二節　借星與夾宮

吉星凶星因「借星安宮」而擴大在命盤上的影響範圍，除了會照多宮之外，還會形成新的夾宮結構，可以生出很多變化。

此下以明世宗嘉靖帝朱厚熜（一五零七至一五六七）的命盤為例（見圖四六）①。

如果不用「借星安宮」，廉貞天府在戌宮，天魁天鉞貴人夾。會午宮祿存，但有地劫同宮，另一個三合宮的武曲天相又成「刑忌夾印」，對宮七殺與身宮破軍火星都不見有甚麼好的結構。如何可以貴為天子？

如果借星，則因為兄弟宮酉宮為空宮，借入對宮酉宮的太陽天梁右弼文曲。形成六吉夾命的奇格！即左輔、文昌、天魁在父母宮，右弼、文曲、天鉞在兄弟宮，齊夾命宮。

而且，凡廉貞天府在戌宮，都是先天日月夾財的偏格，如不用借星，則不知明世宗的命造是「日月夾財」再加六吉夾的佳格，等同有「百官朝拱」的好處。

至於坐上龍椅當皇帝，則有時代背景配合，不能一概而論，但是命格可得富貴，則是顯而易見。

① 據明陸位《文武星案》，心一堂，二零一三，頁五〇。

<table>
<tr>
<td>天機㊕
▲陀羅 天馬
破碎 天傷
孤辰 天廚
台輔 蜚廉
乙巳 疾厄宮
54-63 長生
歲驛 喪門 力士</td>
<td>紫微
祿存
天喜 八座
丙午 財帛宮
4453 養
息神 貫索 博士</td>
<td>▲擎羊
恩光 華蓋
鳳閣 年解
龍池 天月
丁未 子女宮
3443 胎
華蓋 官符 官符</td>
<td>破軍
▲火星
天姚 月德
大耗 劫煞
三台
戊申 夫妻宮 身宮
2433 絕
劫煞 小耗 伏兵</td>
</tr>
<tr>
<td>七殺
天空 天刑
甲辰 遷移宮
沐浴
攀鞍 晦氣 青龍</td>
<td colspan="2" rowspan="2">一五〇七年丁卯八月十日亥時
陰男　明世宗朱厚熜
金四局
命主：文曲
身主：天同</td>
<td>▲鈴星 天鉞
天虛
己酉 兄弟宮
1423 墓
災煞 歲破 大耗</td>
</tr>
<tr>
<td>天梁 太陽
右弼 文曲
天使 截空 天哭
癸卯 友屬宮
冠帶
將星 太歲 小耗</td>
<td>天府 廉貞
△地劫
龍德 旬空
庚戌 命宮
4-13 死
天煞 龍德 病符</td>
</tr>
<tr>
<td>天相 武曲
截空 月解 天官
壬寅 事業宮
臨官
亡神 病符 將軍</td>
<td>巨門㊁ 天同(權)
寡宿 封誥 天才
癸丑 田宅宮
帝旺
月煞 吊客 奏書</td>
<td>貪狼
△地空
陰煞 咸池 紅鸞 天德
壬子 福德宮
衰
咸池 天德 蜚廉</td>
<td>太陰(祿)
左輔 文昌 天魁
天貴 天壽 天福
天巫 旬空
辛亥 父母宮
病
指背 白虎 喜神</td>
</tr>
</table>

圖四六：明世宗朱厚熜命盤

第五章　對星

前文談了許多紫微斗數的基礎學理，現在言歸正傳，介紹「三星秘訣」的第一星：對星。

第一節　正曜四對星

正曜對星共四組，紫府系兩組、日月系亦兩組。

天府天相是對星，是皇帝的寶庫和印信，「庫」（天府）用來收藏財寶、「印」（天相）用來行使權力。

天府天相兩正曜永遠相會，任何情況之下都互為影響。簡而言之，良性的天府，帶給天相良好的影響；惡性的天府，帶給天相惡劣的影響。反之亦然。

貪狼與廉貞是對星，貪狼是正桃花、廉貞是副桃花，但是兩星不一定會照。貪狼在一些宮位不會照廉貞；反之亦然。

如果兩曜都帶良性，當事人的感情生活會比較正常。

如果兩曜都帶惡性，則常因異性、感情或享樂而出毛病。

兩星同時化祿相會（廉貞甲干化祿、貪狼戊干化祿），會加強桃花色彩，是吉是凶要看原局桃花輕重，吉星凶星的多寡。

兩星同時化忌相會（廉貞丙干化忌、貪狼癸干化忌），會令桃花的性質向惡性發展，加強感情挫折，甚至成為「桃花劫」。

太陽與太陰是對星，一為男星一為女星，一富一貴，一陰一陽，一散一聚……相反相成。

太陽太陰都是四化齊備，當中以二者皆化忌而會照最劣（甲干太陽化忌、乙干太陰化忌，有斗數流派以太陰在庚干也化忌，即是化忌兩次）。可以表徵為男女皆忌、富貴皆忌、陰陽皆忌、散聚皆忌……

太陽太陰的組合，讀者必須注意：

《太微賦》：「日月守，不如合照。」①

---

① 見《紫微斗數全書（明末清初木刻真本）【原（彩）色本】》，心一堂，二零一七，頁五八。

「日月守」，指太陽太陰坐丑宮或未宮為命宮的情況。「合照」，指命宮無正曜而太陽太陰在三方四正會入。不論良性惡性，命宮坐太陽太陰對星，都不及「合照」。因為太陽太陰同宮必有一明一暗（丑宮太陰乘旺太陽落陷、未宮太陽乘旺太陰落陷），還有日生人則不利太陰、夜生人則不利太陽，無可避免。

天同天粱，一福一蔭，一福一壽。

《太微賦》：「福蔭聚，不怕凶危。」①

天同天粱兩正曜不一定可以相會，兩曜在寅申宮同宮，在巳亥宮對照。真正的福蔭聚只限寅宮。天同在巳亥宮入廟，天粱在巳亥宮則落陷，不合此格。

天同天粱星系，吉則福壽雙全，凶則散漫喪志。

① 見《紫微斗數全書（明末清初木刻真本）【原（彩）色本】》，心一堂，二零一七，頁五八。

第二節　六吉祿馬

左輔右弼、天魁天鉞、文昌文曲三組對星，合稱六吉星。

當某個宮位會齊一對六吉星時吉星有力，只見單星則力量大幅減弱。

左輔右弼齊，大得助力；單見左輔或右弼，助力大減。

天魁天鉞齊，得貴人扶助；單見天魁或天鉞，貴人或際遇常會一瞬即逝，有可能失諸交臂。

文昌文曲齊，聰明秀雅；單見文昌或文曲，才華不夠全面。文昌利文科、文曲利理科；文昌利文字、文曲利語言。文昌文曲齊會則知識技能較為全面。

兩對六吉星同會，如輔弼昌曲齊之類，都不能以簡單算術打個比方，不單止「一加一等於二」，比起只見輔弼對星或昌曲對星的好處，絕對超過雙倍。

左輔右弼在大運流年無流曜；昌曲魁鉞祿馬則有流曜。

不過流昌流曲、流魁流鉞，只作錦上添花，影響力不及流四化、流羊陀那麼大。

同一顆正曜，於六吉星見對星和見單星可以有很大的差異。

此下以正曜太陰與助曜文曲的關係。

太陰與文曲的組合，出現截然相反的論斷。

《太微賦》：「太陰會（同）文曲於妻宮，蟾宮折桂，文章令盛。」①

這條說明太陰配合文曲而獲吉，「蟾宮折桂」指在科舉考試中式，如鄉試中舉人、殿試中進士。

《諸星問答論》〈太陰〉：「與文曲同居身命，定是九流術士。」②

《諸星問答論》〈文曲〉：「與太陰同行，定係九流術士。」③

這兩條則重覆指出太陰文曲同宮的缺點，「九流術士」指讀書人未能考得功名，只能靠占

① 見《紫微斗數全書（明末清初木刻真本）【原（彩）色本】》，心一堂，二零一七，頁八、頁五八。

② 見《紫微斗數全書（明末清初木刻真本）【原（彩）色本】》，心一堂，二零一七，頁二四。

③ 見《紫微斗數全書（明末清初木刻真本）【原（彩）色本】》，心一堂，二零一七，頁三二。

卦算命糊口。這在科舉時代算是不好的命，不似現代社會，可以憑術數致富出名。

為甚麼會有這麼大的反差？

實情是《太微賦》講的是太陰會文昌文曲對星，雖然在夫妻宮，但是走夫妻宮或福德宮的大運可以發跡。《諸星問答論》兩次提及的則是太陰文曲同宮而不會文昌，而且煞重導致格局不高。

此外，凡命宮、夫妻宮、福德宮見六吉星有成對亦有起單，吉星都轉為桃花。

分別有一對一單共三顆，一對兩單四顆，兩對一單共五顆。

另外有單無對的，分別為一單星無對星、兩單星無對星和三單星無對星，也可以是桃花重的星系。

現以溥儀的命盤為例（本書圖一），六吉星的分佈分別是：

右弼文曲坐戌宮。

左輔文昌化科坐辰宮。

天魁坐亥宮。

天鉞坐酉宮。

六陽宮以福德宮戌宮和財帛宮辰宮見兩對六吉（輔弼昌曲）對照。但是命宮（同時是身宮）和事業宮見左輔文昌而不見右弼文曲；夫妻宮和遷移宮則見右弼文曲而不見左輔文昌，於是四宮皆見兩單星而湊不齊對星。

六陰宮只巳宮和卯宮會齊天魁天鉞對星。亥宮和未宮見天魁；酉宮和丑宮見天鉞單星；亦是四宮見單星。

結合正曜星系推算，可見當事人婚姻不美滿，且刑剋妻妾；事業發展不順；離鄉出外不得志，到東北當個「滿洲國」的傀儡皇帝，又被劫持到蘇聯坐牢。

《太微賦》：「紫微天府，全依輔弼之功。」①如果溥儀命宮的紫微會齊左輔右弼，必會是個實權皇帝，現在兩單星加煞重，只能是個有名無實的傀儡君主！

祿存天馬是對星，但是可以獨立作用，不會照亦不會如六吉星那樣成為單星。

祿存天馬同會，稱為「祿馬交馳」。

以甲庚干正格，以乙辛干偏格。

天馬只入寅申巳亥四宮。

---

① 見《紫微斗數全書（明末清初木刻真本）【原（彩）色本】》，心一堂，二零一七，頁五六。

甲祿在寅、庚祿在申，申子辰年天馬在寅，寅午戌年天馬在申。所以甲庚年生人，祿存天馬就在寅申兩宮，同宮或對照。

乙祿在卯、辛祿在酉，巳酉丑年天馬在亥，亥卯未年天馬在巳。這樣某些宮位有機會同時會照祿存天馬，但是沒有甲庚干那樣整齊在本宮和對宮，所以乙辛干的「祿馬交馳」力量大減，屬於偏格。

其餘丙丁戊己壬癸六干，丙戊壬陽干祿存落陰宮，不會天馬；丁己癸陰干祿存落陽宮，亦不會天馬。所以命盤無可能見「祿馬交馳」。

此外，孤另另的一顆祿存，三方四正不見六吉星成對，祿存的處境就會變得太過孤單，因為必有擎羊陀羅相夾。

孤另另的一顆天馬，三方四正不見六吉星成對，天馬的動力也得不到較大的支援，形同匹馬單槍了。

第三節　四煞空劫

火星鈴星是對星，擎羊陀羅也是對星，地劫地空也是對星。

火星鈴星對星的佈置，於陽年生人火鈴陰陽同步，一起落陽宮或一起落陰宮，可以同時會入一些宮位。

於陰年生人，則火星鈴星分陰陽，一落陽宮、一落陰宮，必不相會。當中亥卯未年生人，火星鈴星在鄰宮，行運經行相關宮位，可能見火鈴先後坐命二十年！

擎羊陀羅對星，必定陰陽同步，所以命盤中必有些宮位同時見擎羊陀羅。四煞空劫中，唯有擎羊陀羅有流曜。算大運時，本命和大運兩套羊陀勢均力敵；到了算流年時，本命的一套羊陀力量就會減弱。

地空地劫對星亦是陰陽同步，但是兩曜可以同宮（巳亥宮）、對照（寅申宮）、會照和隔宮而夾住中間的宮位。

假如某宮的三方四正見四煞空劫單星，單星都可以獨立作用，不似六吉見單星變壞，反而是見對星的破壞力比單星更大。如「羊陀併照」就比單見擎羊、單見陀羅更壞。

換言之，十四助曜是吉星不喜單、凶星不喜對。

第六章　配星

紫微斗數用百餘顆星曜，當中最重要的是十四正曜和十四助曜，共二十八曜，再加四化曜。其餘幾十顆雜曜雖然都有作用，但屬次要。此所以筆者認為讀者還是先學好、用好二十八曜加四化為急務。

任何星曜都有正反兩面的意義。十四正曜亦各有不同的喜忌。同樣是六吉星，對不同正曜的助力亦不相同。同樣是四煞星，對不同正曜的傷害也有不同。

這就是「三星秘訣」的第三星，「配星」的問題。

第一節　十四正曜配六吉祿存

先看紫微帝座與左輔右弼對星的關係，《太微賦》有三條之多！

（一）：「紫微天府，全依輔弼之功。」①

（二）：「輔弼夾帝為上品。」②

（三）：「紫微輔弼同宮，一呼百諾。」③

以上第一條，泛指紫微或天府兩正曜會齊左輔右弼。

第二條是左輔右弼兩曜在紫微宮位的前一宮和後一宮相夾紫微。只有紫微破軍在丑宮和未宮可以構成「輔弼夾帝」的上品之格。

第三條亦是紫微破軍在丑宮和未宮，才可以與左輔右弼同宮。

紫微破軍星系喜見左輔右弼在兩鄰宮相夾，多於同宮。原因是同宮還可以影響陽宮，如蔣

① 見《紫微斗數全書（明末清初木刻真本）【原（彩）色本】》，心一堂，二零一七，頁七、頁五六。

② 見《紫微斗數全書（明末清初木刻真本）【原（彩）色本】》，心一堂，二零一七，頁七、頁五六。

③ 見《紫微斗數全書（明末清初木刻真本）【原（彩）色本】》，心一堂，二零一七，頁八、頁五七。

介石命盤，左輔右弼對星既夾丑宮紫微破軍，又同時會照申宮和午宮，兩得其用。①

為甚麼先哲前賢要在同一篇《太微賦》內，總共三次強調左輔右弼和紫微的關係呢？

答案非常簡單，就是十四正曜與六吉星的交涉，以紫微會齊左輔右弼最為有力！

這就是「配星」的威力！

紫微能夠會上左輔右弼對星，簡直是脫胎換骨了！

如果紫微在命盤不會輔弼，或只會單星，則在大運經行會齊輔弼的宮位，亦加倍有力！這還可以算是「打破十二宮」心法的第二層應用。

正曜與六吉星相見而不見其吉：

《星垣問答論》〈破軍〉有云：「（破軍）與文星守命，一生貧士。」②

文星在此指文昌文曲。

---

① 見《斗數詳批蔣介石》，心一堂，二零一四，頁一一四。

② 見《紫微斗數全書（明末清初木刻真本）【原（彩）色本】》，心一堂，二零一七，頁三一。

為讓讀者能夠加快入門，先將十四正曜與六吉祿存配合情況列為一表。

凡例如下：

（一）以○和▲標記。

（二）○○○以上：特別喜見。

（三）○○：喜見。

（四）○：氣質不甚相投、吉利減等。

（五）▲：氣質有衝突，不喜見。

十四正曜與六吉祿存配合表列

星群系統	正曜	輔弼	魁鉞	昌曲	祿存
紫府系	紫微	○○○○○	○○	○○○	○○○
	天府	○○○○	○○	○○	○○○
	天相	○○	○○	○○	○○○
	武曲	○	○○○	○○	○○○
	七殺	○○○	○○	○○	○○
	破軍	○○○	○○	▲	○○○
	貪狼	○○	○○	▲	○○
	廉貞	○○	○○	○○	○○
日月系	太陽	○○	○○○	○○	○○○
	太陰	○○	○○	○○○○○	○○○
	天同	○	○○○	○○○	○○○
	天梁	○	○○	○○	○○
	天機	○	○○○○	○○	○○
	巨門	○	○○	○	○○

備註：

（一）上表僅作示意之用，讀者不可死套。

（二）上表以單一正曜為準，不涉兩正曜同宮的情況。如紫微喜昌曲而破軍不喜昌曲，但紫微破軍同宮時，則因紫微為帝座，破軍不能喧賓奪主，仍屬喜見。

（三）六吉以見一對對星為準，如共見兩對對星，情況通常會轉好。如破軍喜輔弼而不喜昌曲，如輔弼昌曲同會，則因輔弼之力，大大減輕破軍單會昌曲對星的不利。

（四）上表只涉及六吉對星，未考慮見單星。尤其文昌化忌、文曲化忌之單星，經常轉化為惡性。

（五）凡正曜單見祿存，不見天馬及六吉星對星，星系可能變得孤立。

（六）本表不包括天馬。

左輔右弼對紫微的助力最大，天府次之；若正曜為武曲、天同、天梁、天機和巨門，則輔弼的助力都要減等。

又如太陰，最喜見文昌文曲對星，卻不喜見單星，反差頗大。

其餘願讀者參考前述「對星」的通則，靈活運用，不可執一。

第二節　十四正曜配四煞

現將十四正曜與四煞配合情況列為一表。

凡例如下：

（一）○：喜見。

（二）▲：不喜見，越多越壞。

十四正曜與四煞配合表列

星群系統	正曜	火	鈴	羊	陀
紫府系	紫微	▲	▲	▲▲	▲▲
	天府	▲	▲	▲	▲
	天相	▲▲▲	▲▲▲	▲	▲
	武曲	▲▲▲	▲▲▲	▲	▲
	七殺	▲	▲▲	▲▲▲	▲▲▲
	破軍	▲▲	▲▲	▲▲	▲▲
	貪狼	○	○	▲▲	▲▲
	廉貞	▲▲	▲▲	▲▲▲	▲▲
日月系	太陽	▲	▲	▲▲	▲▲
	太陰	▲	▲	▲▲	▲▲
	天同	▲	▲▲	▲	▲
	天梁	▲▲	▲▲	▲▲	▲▲
	天機	▲▲	▲▲▲	▲▲	▲▲
	巨門	▲▲	▲▲	▲▲▲	▲▲▲

備註：

（一）　上表僅作示意之用，讀者不可死套。

（二）　一般情況下，七殺、破軍、廉貞、天機、巨門五正曜最忌四煞，尤不喜與煞曜同宮。

（三）　上表以單一正曜為準，不涉兩正曜同宮的情況。如貪狼喜火鈴而武曲忌火鈴，當武曲貪狼同宮時，則因貪狼的關係而成為「火貪格」、「鈴貪格」。

（四）　上表只顯示一般情況，未有考慮「煞在內」（火鈴羊陀與正曜同宮）和「煞在外」（火鈴羊陀在三合四正會入，不與正曜同宮）的差異。假如某一星系共見四煞中任何兩煞，當以兩煞皆在內為最重，一在內一在外次之，兩煞皆在外又次之。

（五）　上表不包括「三煞並照」和「四煞並照」兩種凶格。

（六）　上表亦未考慮火星陀羅相見和擎羊鈴星相見兩種錯配。

第三節　四煞錯配

《太微賦》：「七殺破軍，專依羊鈴之虐。」①

這句賦文說明四煞之中，擎羊與鈴星同宮時，可以對七殺星系、破軍星系造成極大破壞，常主凶死，如三國時魏主曹髦（公元二四一至二六零）即是七殺與擎羊鈴星同守命宮的凶格。②

火鈴羊陀四煞，有微妙的配合。

火星屬陽火、鈴星屬陰火；擎羊屬陽金而帶陽火、陀羅屬陰金而帶陰火。

火星與擎羊同宮，為陽火煉陽金，主明火熔鑄，表徵為短程激發。

鈴星與陀羅同宮，為陰火煉陰金，主暗火冶煉，表徵為長程磨煉。

反過來說，火星與陀羅同宮，為陽火煉陰金；鈴星與擎羊同宮，為陰火煉陽金，二者都是火候不當、鑄煉不成。

火星陀羅、鈴星擎羊兩組煞星，除了不宜同宮之外，對宮亦不宜。

以「三煞並照」為例，如果其中兩顆對照，亦以火羊對、鈴陀對而再會第三煞為禍稍輕；火陀對、鈴羊對而再會第三煞為破格敗局。「四煞並照」亦可按此通則推論。

---

① 見《紫微斗數全書（明末清初木刻真本）【原（彩）色本】》，心一堂，二零一七，頁七、頁五六。

② 見《紫微斗數全書古訣辨正》，心一堂，二零一七，頁一九八至二零一。

第四節　金空則鳴、火空則發

現時流行地空星的兩個說法，即是：「金空則鳴」和「火空則發」，各家學說不同，可謂各師各法。此說當然會讓喜歡查根問柢的朋友追問：「為甚麼地空只與屬金屬火的星曜產生特殊變化而不與屬土、木、水的星曜有相類相近的作用？地劫既然與地空成對，又為甚麼沒有這種特殊關係？」

現時通行說法，是地空與屬金的星曜同宮主「鳴」，即是傳播甚廣的名聲；與屬火的星曜同宮主「發」，即是忽然發跡發達。通常屬金的星曜不一定特別指明是正曜的武曲、七殺，還是助曜的擎羊、陀羅、文昌；屬火的星曜則多指明是火星、鈴星，而少提及正曜太陽、廉貞，或六吉的天魁天鉞。

如果追溯源頭，我們可以發現古籍中還有「木空」、「土空」和「水空」亦有變化：

〈空亡五行制化論〉：「金空則響，火空則焰，土空則陷，木空則折，水空則傾瀉下流。」①

按字面取義，則是金空和火空轉向吉利，土空、木空和水空轉化為傾敗。

不過這段文字講的是「空亡」的「空」，不是「地空」的「空」。

筆者所學所用，則從不理會「金空則鳴」和「火空則發」這兩條通則。期待前輩通儒公開當中竅訣。

① 見《紫微斗數捷覽（明刊孤本）〔原（彩）色本〕附點校本（全二冊）》，心一堂，二零一六，頁五〇。

第五節　十四正曜配六親宮位

這裡講的「六親宮位」，專指命盤上所有涉及人際關係的宮位而言。

夫妻宮，主當事人的感情生活，再加與配偶的關係。夫妻並無血緣，為方便討論而放在一起。

父母、兄弟、子女三宮，則涉及有血緣的六屬。

按現代遺傳學的定論，必由父母雙方各取一半基因給我，此所以人與父母必有一半基因相同。兄弟姊妹亦從父母處分一半基因，每人所取有別，但當有一半與我相同。此所以人與兄弟姊妹有四分之一基因相同。

子女亦各得其父母一半基因，故我與子女亦必有一半基因相同。

再加友屬宮主親戚下屬，可以一併表列。

凡例如下：

（一）○代表善曜：一般關係良好，吉多更得「好處」，凶多刑克亦輕。

（二）●代表惡曜：一般關係不良，吉多僅主不克，凶多則刑克重，輕則生離，重者死別。

（三）◎代表可善可惡：吉多凶少，表現似善曜；凶多吉少，表現似惡曜。

十四正曜入六親宮位善曜惡曜表列

正曜	夫妻	父母	兄弟	子女	友屬
紫微	◎	○	◎	○	◎
天府	○	○	○	○	○
天相	○	◎	○	◎	◎
武曲	●	●	●	●	●
七殺	●	●	◎	●	●
破軍	●	●	●	●	●
貪狼	●	◎	◎	●	◎
廉貞	●	●	○	◎	◎
太陽	◎	◎	◎	◎	●
太陰	○	◎	○	○	○
天同	●	○	○	○	○
天梁	●	○	●	○	○
天機	◎	●	●	●	●
巨門	●	●	●	●	●

備註：

（一）善與惡，僅為孤立單一正曜入六親宮位而言，仍需參考宮內星系及命宮格局的吉凶。

（二）凡命宮格局祥和，六親宮得善曜多和睦，得惡曜刑剋亦輕。

（三）凡命宮格局孤剋，六親宮得善曜則吉處亦減等，得惡曜則增凶。

（四）除友屬宮外，其他四宮仍需按男女性別與太陽太陰合參。

（五）天府、太陰、天同多善；武曲、七殺、破軍、天機、巨門多惡。

（六）仍需與六吉祿馬、四煞空劫、四化曜綜合評斷，不可執一。

第七章　實務推算：一九五六年生某女士命造

筆者「內部特訓班」的同學提出有興趣推算一個位高權重女士的斗數盤，卻只有當事人的生日而沒有生時。如果平日遇到這種情況，除非事態特別緊急嚴重，方才破例推算，否則一般沒有生時的命造都不予理會。

這回既是同學有此雅興，可以讓他們多做點進階的練習試試看。

若以紫微斗數推算，只能排開十二個時辰的命盤，逐一審視定盤。當然，如果知道大概出生時間，如白天或晚上；又或者當事人出生時，家長正在吃早餐或晚餐，都可以收窄範圍。

另一個辦法是以子平來推，因為同一日出生的人，年柱、月柱和日柱都不變（除非在當日之內交節氣），八字有了六字，於當事人的身強身弱已收窄了範圍，只需要看那個生時最接近當事人過去的際遇就更有把握可以定時了。

第一節　以子平定生時

某女士生於一九五六年丙申，公曆在八月三十一日，即夏曆在七月廿六日。

年柱為丙申。

已過立秋（每年公曆八月上旬交立秋節、九月上旬交白露節），月柱亦為丙申。日柱為庚午（在一般萬年曆都可以輕易查得到，包括紙本書和網站）。

三柱為：

時	日	月	年
？	日主	七殺	七殺
？	庚	丙	丙
？	午	申	申
？	丁正官 己正印	庚比肩 壬食神 戊梟印	庚比肩 壬食神 戊梟印
		祿神 驛馬	祿神 驛馬

79	69	59	49	39	29	19	9
戊子	己丑	庚寅	辛卯	壬辰	癸巳	甲午	乙未

某女士於二零一八年戊戌虛齡六十有三，在古代算是「花甲老婦」。可是踏入二十世紀下半葉，中國人平均壽元遠勝父祖輩，社會大環境又變得富裕，今天六十來歲年紀的人，十之八九都未見老態。按聯合國的新定義，無非是「大齡青年」而已。

某女士八字為庚午日元生於申月，又逢申年，庚金兩見祿旺，年月兩丙火七殺出干，通根於日支，午火正官為丙火的羊刃，午中又藏己土正印。若暫時置時柱不論，則日主當時得令，又有強助，身強的機會較大，取格則已見「建祿格」與「七殺格」混合，以其官藏殺透之故。

現某女士於六十以後大貴，日常一舉一動，都影響到千萬人的福祉，按「時為一局歸宿」的通則，時柱必能成就出一個貴格，然後才有可能是她的真實生時。

單從年月日三柱顯示，某女士已近於身殺兩停，若要取貴，時柱或用印化殺、己土正印戊土偏印同功，或用壬水食神制殺。

《窮通寶鑑》①〈三秋庚金〉：「七月庚金，剛銳極矣。專用丁火鍛煉，次取甲木。如得丁甲兩透，定步青雲。若有丁無甲為俊秀。」現某女士生庚午日，坐下丁火正官、己土正印，即使日柱無甲亦為俊秀。

如要有甲，唯有戊寅時或甲申時。

① 見【民國】徐樂吾《窮通寶鑑補註》，心一堂，二零一五，頁一八六。

寅時半會午火，戊土梟印化殺，但身旺不宜印化，亦未見佳。

申時甲木坐絕無用，申時再扶身，格局偏枯，恐難取貴。

如用食神制殺，則壬午時或有可取。

壬水食神兩遇申金長生可用，兩午兩丙，官多同殺，遂成就食神制殺格取貴。

而且申月以月德貴人在壬，故自四旬以後平步青雲，雖係文人出身，今時貴顯，亦綰兵符。

一介女流，而成為三軍統帥，故當代術數實務，真要與時並進！

女命官殺混雜，官藏殺透，姻緣難就，日時午午自刑，老來孤單，亦合乎某女士之實況。

取壬午時，八字如下：

時	日	月	年
食神		七殺	七殺
壬	庚	丙	丙
午	午	申	申
丁正官 己正印	丁正官 己正印	庚比肩 壬食神 戊梟印	庚比肩 壬食神 戊梟印
月德貴人		祿神 驛馬	祿神 驛馬

79	69	59	49	39	29	19	9
戊子	己丑	庚寅	辛卯	壬辰	癸巳	甲午	乙未

追蹤這個命造，純為紫微斗數進階研習之用，以子平定時只作橋樑，大可得魚忘筌也。

第二節　定盤午時

內部特訓班同學亦比較過寅時、巳時、午時、戌時的斗數盤，都是取火旺的時辰，以庚金日元已旺，宜抑不宜扶之故。最後，仍是取午時。

斗數命格為寅宮安命無正曜，借對宮天機化權太陰入命。（見圖四七）

午時命身同宮，天馬坐命，見對宮天機化權太陰火星，會太陽擎羊及巨門左輔文昌單星，可謂平平無奇，何以得取富貴？

此格正合前文所述的「日月守，不如合照」。日生人以太陽為主星，坐午宮為事業宮，會左輔文曲單星，雜曜則見天福天壽、龍池鳳閣、台輔封誥三對貴吉雜曜，未算百官朝拱。

若看坐申宮的天機化權太陰星系，雖不是主星，但見天同化祿、天機化權、文昌化科，是為「祿權科會」，亦有聲勢，主出外得名聲機遇。但是見右弼文昌化科單星，火星會鈴星陀羅，是為「三煞並照」。

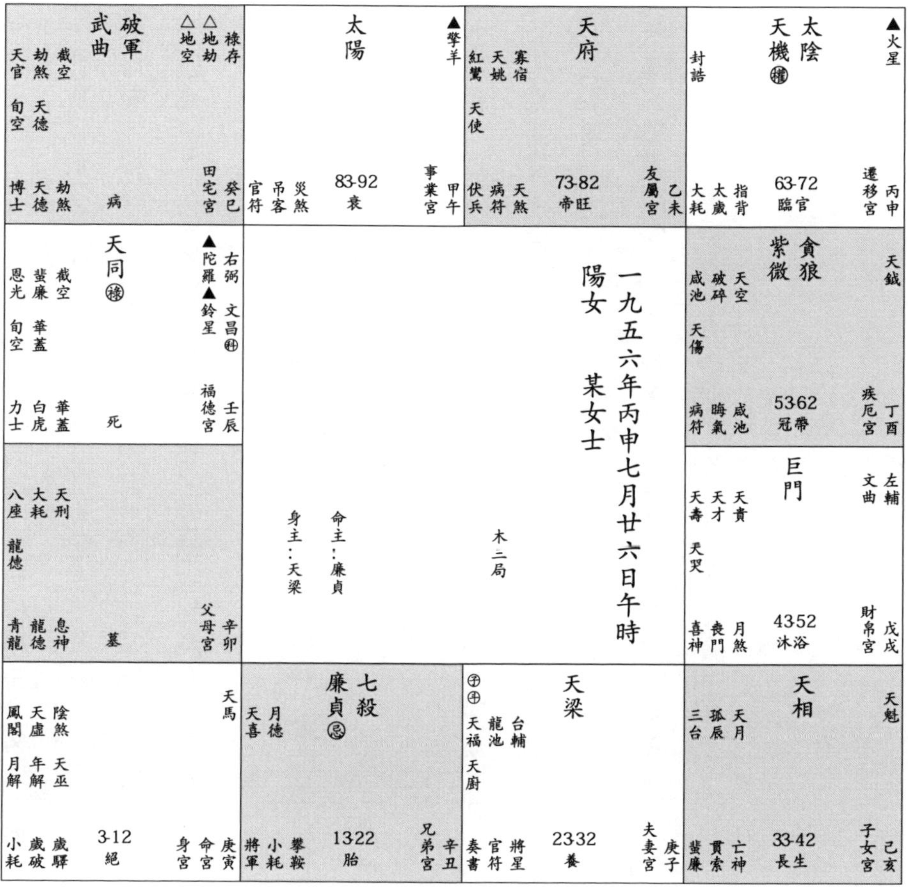

圖四七：一九五六年生某女士命盤

凡借星安宮，都要先看原星系未借時的情況，然後再看命宮三方四正。在此例是申宮的天機化權太陰，此所以辰宮的天同化祿、文昌化科雖然不照寅宮，亦能間接影響命格。

某女士的格局，始終走不出輔弼昌曲兩對六吉星總是起單星的缺點。因輔弼不成對，當事人一生所得之助力和本人的領導力都有欠缺。左輔右弼照命，主人寬厚為懷，某女人之為人，根據往績，則殊欠厚道。

尤不喜命宮有天馬而無祿存，增加星系浮蕩不實的色彩，太陰星系會文曲單星，與前文「太陰文曲九流術士」性質相近。

何謂「九流術士」？

江湖術士最會「語言偽術」，我們廣府話有所謂：「曲都拗返直！」意指平日發言講話，經常能夠隨口歪曲事實，甚至反口覆舌，今日之我打倒昨日之我、此刻之我打倒先前之我，亦可以臉不紅而氣不喘。

雜曜見天虛、陰煞坐命，因太陰文曲單星加煞，故為「假斯文」。

按性格品評，可以初步確認此命造與某女士倒有幾分相似。

第三節　生日出錯疑雲

初步定了午時，排出命盤之後，有「內部特訓班」同學立馬抗議！可能出於對某女士本人的不滿，再加上各花入各眼的緣故，同學認為某女士本人實在生得太醜，不似在申宮太陰乘旺的天機太陰星系。還有某女士天庭不夠飽滿，不似天馬坐命。

於是同學再三搜尋網上易得的材料，發現曾有報導說某女士的真正生日與身份證明文件不一樣。

同學報告之後，筆者便說即使到了二十世紀，許多人的實際生日與官方登記紀錄不一樣，實屬平常事！筆者本人便是活生生的實例。因為筆者在某大節日出生，除了家中長輩之外，鄉黨鄰里人盡皆知，筆者小時候的渾名，即與這個節目掛鉤。可是筆者的「出世紙」所載卻是早了幾天。據家母所講，當年為筆者領出生證明文件時，沒有留意到上面寫的出生日期有錯，過了幾年才發現。若要改，則香港法例只容許改名換姓，卻不准改出生日期，木已成舟，鐵案難翻！於是筆者只好自己過自己非官方的生日，填寫任何文件都用個錯的生日！

同學於是問豈不是要放棄？我們又沒有渠道去查證某女士的實際生日。

筆者便又再解釋，其實當代名人混淆自己的出生日，已經是我們時代的另類作風。在民國時代，軍政界名人的年庚八字常被人公開披露，俯拾可得、不成秘密。於是有社會政經地位高的人，開始嘗試隱瞞自己的出生資料！原因何在？諒是擔心給政敵仇家施行「厭勝」之術咒詛！當代中國人可能更熟悉南洋地區的降頭術，如拿得受害人的年庚八字，可能再偷剪一小撮頭髮，就可以交給南洋巫師，作法「落降頭」云云。

歷史上還有許多鬥風水爭天下的民間傳說，例如政府派人跑去破壞造反者的祖墳風水，甚麼刨墳剉骨揚灰、鑿山截斷龍脈等等，不一而足。此所以某女士的生日可能剛好跟筆者一樣，是因為家長一時失察而致登記有誤，也不能排除她成名之後，故意混淆視聽，亦未可料也！

同學問此時可以怎麼辦？

筆者便回說，如果你們有條件去確實追查某女士的真實年庚八字，可以儘管去做！但是我們在香港不甚方便去做業餘的私家偵探。現在既已查了些材料，倒不如將錯就錯，假設生日正確而作為進階練習，就算此「某女士」不同彼「某女士」，也不失為一個有趣的專題作業。

至於面相不特別的似，則以星曜組合判定外貌形態，原本只作參考之用，除非是南轅北轍，不必單憑一兩星曜定時。

若以「基本分析」，則某女士臉皮之超厚，作事之顛倒，相信必然破敗，其實也不太須要算命的！

以當事人過去經歷作為定盤資料，可以就地取材，千變萬化。

紫微斗數既以紫微命名，實則紫微落十二宮都有可能成為扭轉命格的關鍵。

此為「萬金不傳之秘」，讀者幸勿等閒視之！

第四節　印證父母宮

某女士命格，實在大大得力於父母宮。

原局父母宮在卯宮無正曜，借對宮紫微貪狼入守。其實，鄰宮命宮亦為空宮，在推算父母宮時，仍需參考卯宮為何星系所夾。如果不知借星安宮的規律，就會忽略了卯宮的格局。

經借宮之後，卯宮是紫微貪狼、「府相朝垣」；加天魁天鉞貴人同會。又有天同化祿文昌化科鈴星在前一宮，借入天機化權火星在後一宮，得出三重夾宮：即祿權夾、科權夾和火鈴夾。凡主星都喜吉夾，而貪狼星系則喜火鈴夾，與「火貪格」、「鈴貪格」同論。又因紫貪在酉宮會照巳宮祿存，綜合而言，某女士的父母宮格局偉大，兼主橫發，一生遂多良好際遇，既得父母蔭庇，又得上司賞識提拔，遂成為其所居地權力最重、地位最高的第一人！

順帶一提，六吉星除了要與正曜對應，還要跟宮位匹配。天魁天鉞照父母宮，自然比左輔右弼照此宮更佳，畢竟天魁天鉞主蔭庇多於助力。反過來說，天魁天鉞照子女宮、友屬宮就不及照左輔右弼來得有力。

某女士第二大運辛丑，大運父母宮在寅宮，除了借入見「祿權科會」的天機太陰星系，更見巨門於大運化祿、太陽於大運化權、文曲於大運化科，故主大得異鄉人之力而發跡。更因其家族身處的時空環境，是受到外國勢力近於全支配式的影響，遂能大賺外國人的錢，暴發成富！

此又為定盤的另一有力佐證，或至少可以說沒有太大的衝突。

第五節　打破十二宮看姻緣

某女士年逾花甲，仍是「小姑居處」，既為一方領袖、社會聞人，其感情生活難免受人注視。現以「打破十二宮」的法門，檢視某女士一生的感情運勢。

某女士過去的形象，重在突出其專業學者型女性的感覺，完全摒棄女性化的溫柔。髮型老套、衣著古板，整體形象千篇一律，甚至酷似某卡通人物造形。完全沒有領袖的威儀。有其反對者甚至以其「損害市容」、「有失體面」謔戲之。

某女士命宮、夫妻宮、福德宮大運流轉表列

	夫妻宮	命宮	福德宮
本命	天梁對太陽。祿權科會，四煞並照，見文昌右弼單星。	天馬對天機化權太陰火星。會太陽巨門火星擎羊。	天同化祿對巨門。祿權科會，三煞並照，昌曲輔弼齊會。
庚寅運 三至十二	天梁對太陽化祿。祿權科會天同祿忌衝，四煞並照，見文昌右弼單星。	天馬對天機化權太陰火星。會太陽化祿巨門火星擎羊。	天同化祿化忌對巨門。祿權科忌會，三煞並照，昌曲輔弼齊會。
辛丑運 十三至廿二	天相對武曲破軍祿存，巨門化祿成財蔭夾印。會天魁天鉞對星。	廉貞化忌七殺對天府。會武曲破軍、紫微貪狼，祿存流祿天鉞單星。	借紫微貪狼流祿。得府相朝垣，會魁鉞對星，祿權夾、科權夾、火鈴夾成格。
庚子運 廿三至卅二	巨門對天同化祿化忌。天同祿忌衝，祿權科忌會，四煞並照，昌曲輔弼對星。	天梁對太陽化祿。會天同祿忌衝，祿權科忌，四煞並照，文昌右弼單星。	天馬對天機化權太陰火星。會太陽化祿巨門火星擎羊。
己亥運 卅三至四二	紫微貪狼化權。會廉貞化忌，殺破狼，武曲化祿，天鉞單星。	天相對武曲化祿破軍，文曲化忌為刑忌夾印。借會貪狼化權。	廉貞化忌七殺。會武曲化祿、貪狼化權。
戊戌運 四三至五二	天機化權化忌太陰化權火星。會天梁、天同，祿權科會。	巨門對天同化祿文昌化科。會天機權衝忌，祿權科忌會，四煞並照，昌曲輔弼對星。	天梁對太陽化科。祿權科忌會，四煞並照，見文昌右弼單星。
丁酉運 五三至六二	天府流羊對廉貞化忌七殺。會巨門化忌刑忌夾印。	紫微貪狼天鉞。會武曲破軍流陀，廉貞化忌。	天相，巨門化忌刑忌夾印，對武曲破軍祿存流陀。會天府，紫微貪狼，兩重魁鉞。
丙申運 六三至七二	太陽雙擎羊對天梁。會天機雙化權太陰、巨門，左輔文曲單星。	天機雙化權太陰火星。會天梁、天同，兩重祿權科會，兩重陀羅，右弼文昌單星。	巨門對天同化祿。兩重祿權科會，六點煞，昌曲輔弼對星。

原局命宮、夫妻宮見兩單星。夫妻宮為子宮天梁對太陽，雖見祿權科會，亦見四煞併照，文昌右弼兩單星。一般認為天梁在子宮因見對宮午宮太陽入廟，比起天梁在午宮見對宮子宮太陽落陷，是子宮天梁的刑剋輕於午宮。但是星系組合同時出現吉星和凶星時，二者不能抵消而是疊加。所以此天梁因見四煞而增強了刑的性質，文昌右弼單星無力，祿權科會只是所結識進而交往的異性都是讀書人，即古人所說的「清貴」。總體不利婚姻，需待有利的大運流年才可以談戀愛談得成。

福德宮天同福星化祿，祿權科會，又得輔弼昌曲嘉會，鈴陀同度刺激，不致於過度享福。唯是天同得祿，喜見外向型的火星或擎激發，遠多於內向型鈴星或陀羅磨煉。再加陽年生人，有旬空、截空同在陽宮為正空，主當事人有可能發展為沉溺於奢華享受，兼且多空想而不切實際。時人給某女士「空心」二字作渾名，與旬空截空同為空，既貼切亦巧合！廣府俗語有云：「有中錯狀元，無改錯花名！」舊時代三年一次殿試，必出一狀元，而狀元之欽點，間亦有名不副實。至於民間為人改「渾名」，則更多出於長期觀察而得出之結論。某女士得「空心」之名，則以其登高位之後享福過度，對平民百姓之福祉漠不關心，其人之「無心肝」，當可視作社會公論矣！

此下逐運簡述，各運的流盤則從略，讀者可自行以紙筆依例飛星，或在腦中以「圖象思維」推算，作為實務推算之練習：

初運庚寅，木三局到虛齡十二歲止，是為小學時代。小學生甚少牽涉到男女交往，故此夫妻宮星系，只可以略為反映當事人與異性的相處，以及對三方四正宮位的影響。庚干天同化忌衝原局化祿，故精神生活必有一定困擾，據資料示，某女士小學時期學業成績平庸，成為父母擔心其日後發展的一大顧慮。

二運辛丑，廉貞化忌七殺在命，福德宮借紫微貪狼而得祿馬交馳，雜曜天刑能解貪狼之桃花，學業成績突飛猛進。

三運庚子，天梁會四煞並照，又再會照天同化祿衝化忌。對宮遷移宮太陽化祿，構成陽梁曲祿格，大利出門求學。其選取法律專業者，以原局三方四正的財帛宮巨門星系得輔弼昌曲嘉會之故，甚為合適。因為巨門、文曲都屬口才之星，一則利於法律及講學，二則利於從政以言語取信於人。

此運以巨門星系為夫妻宮，初見六吉對星，當見姻緣機遇。可惜原局天梁見四煞三吉化，大運經行巨門見四煞三吉化，當中天同化祿為大運化忌衝破，吉處藏凶。據資料顯示，相識之密友意外橫死，時耶！命耶！

原局三吉化，大運又見三吉化，所交往異性皆多俊彥。或云大運內尚有另一結合機緣，因其父以對方門不當、戶不對為由阻撓，結果無情捧打鴛鴦云云。大運父母宮廉貞化忌，會大運流羊流陀，為原局借紫微貪狼及大運廉貞化忌七殺兩星系所不喜。又因其生活的社會，家長威權較重，常有左右子女人生大事之抉擇。若同時間居於香港，相信只要當事人堅持到底，父母較大機會退讓。

四運己亥，天相會武曲化祿、貪狼化權，事業大有發展，但是命宮被兄弟宮文曲化忌所夾，夫妻宮紫微貪狼少助曜，福德宮廉貞化忌七殺又會大運流羊流陀，都不利感情。福德宮值殺破狼，且為廉貞化忌，必化氣為「囚」，主人思想劇變而往壞方向發展。

值得留意是大運父母宮天梁化科，見大運天魁天鉞（乙己鼠猴鄉），大得上司蔭庇提拔，遂逐漸由教育界的大學教師轉入政界為黨派領袖。

五運戊戌，巨門會六煞（原局四煞加大運羊陀），原局三吉化，再疊科疊權，權位聲譽再上層樓。唯是天機化忌與化科相衝於夫妻宮，是運末已年過半百，連續多個大運受化忌星窮追，姻緣難就，豈非命耶？

大運父母宮天相借會紫微貪狼化祿，蔭庇依然。

六運丁酉，紫微貪狼守命，星系不畏惡煞，緩緩進步。大運父母宮巨門化忌，會原局及大運兩重祿權科會，且得兩重天魁天鉞夾（丙命丁運），故雖與上司有口舌之爭，扶助之力有增無減。運內兩番問鼎最高權力寶座，先敗後成，終於成為地區內最高領袖！

現行七運丙申，福德宮巨門見雙重祿權科會，兩重天魁天鉞夾，故心情愉快，不受外面困局影響，自享其福，自得其樂。友屬宮廉貞雙化忌七殺，當受下屬拖累，關係亦破裂。

第六節　寶座上的最後歲月

某女士的命格局面不大，其有幸得以登高位，實為社會之不幸！

此下談談某女士一些流年，讀者可以按其本命、大運與流年的三組四化，在腦內飛星。如果感到有困難，先用紙筆練習亦可。

二零一二年壬辰，某女士首次問鼎地方最高領導人之職，三組四化為：

二零一二年壬辰四化

干	化祿	化權	化科	化忌
丙命	天同	天機	文昌	廉貞
丁運	太陰	天同	天機	巨門
壬年	天梁	紫微	天府	武曲

流年命宮的吉化有天同化祿再化權、文昌化科，會天機化權再化科、太陰化祿，天梁化祿，權祿甚重。唯是有對宮巨門化忌流年陀羅為「忌化相衝」，天梁宮位又坐流年擎羊。共計見五點煞與一化忌（三組天干共得八點煞和三化忌）。

最終雖然落敗，但是成績已比上屆大有進步。

二零一六年丙申，捲土重來，大獲全勝，流年三組四化為：

二零一六年丙申四化

干	化祿	化權	化科	化忌
丙命	天同	天機	文昌	廉貞
丁運	太陰	天同	天機	巨門
丙年	天同	天機	文昌	廉貞

丙申流年命宮太陰化祿、天機雙化權化科，會天同雙化祿、文昌雙化科，三組三吉化齊會命宮，權祿甚重，煞曜則原局三煞，只加辰宮流年陀羅，共四點煞。吉星雲集，故得以登上權力頂峰。

流年福德宮坐巨門化忌，亦會齊三組三吉化，雖有精神壓力及是非口舌，仍然利於競爭。

二零一七年丁酉，某女士與人民群眾的蜜月期已過，要交出實際的成績來了！

二零一七年丁酉四化

干	化祿	化權	化科	化忌
丙命	天同	天機	文昌	廉貞
丁運	太陰	天同	天機	巨門
丁年	太陰	天同	天機	巨門

這是丁酉大運的最後一年，紫微貪狼與天鉞三重單星同宮，會事業宮廉貞化忌七殺。原局酉宮的紫微貪狼已近乎在野孤君，三天鉞氣質更偏，幸而運年兩重流昌流曲，尚算有輔助之力。必須注意巨門雙化忌在流年父母宮夾福德宮天相，形成雙重刑忌夾印，主精神壓力甚大。父母宮則是巨門雙化忌，三重天魁天鉞夾，與上司關係惡劣。「上司」的實質意義可以有多重理解，留給讀者定奪。

二零一八年戊戌，轉入丙申運。此後十年，每年都有天同雙化祿、天機雙化權、文昌雙化科、廉貞雙化忌，隨年流轉。而大運流羊流陀，亦與原局辰宮陀羅、午宮擎羊重疊。紫府系與日月系各有一組壞星長駐，運程定必反覆。

二零一八年戊戌四化

干	化祿	化權	化科	化忌
丙命	天同	天機	文昌	廉貞
丙運	天同	天機	文昌	廉貞
戊年	貪狼	太陰	太陽	天機

流年巨門會天同雙化祿、文昌雙化科，太陽化科，借會太陰化權，天機化忌衝雙化權，權位仍在。但是四煞併照，三套流羊流陀齊會，共是八點煞；更需要注意天機一忌衝雙權，為行使權力受阻。

福德宮天梁亦會齊命宮的吉化與八點煞，與流年命宮不同之處，是以天梁換了巨門左輔文曲三曜。精神狀態並不佳美，非得凡事退讓三分不可。可是今天勢成騎虎，並無轉圜餘地可言。其官邸外的「防御工事」，可與戰區媲美，防民之嚴，於「民選領袖」而言，實在開創先河！

田宅宮廉貞雙化忌，其「服務機構」有重大轉變，而且必定每況愈下。

明年二零一九年己亥，文曲化忌在戌宮夾亥宮天相。

二零一九年己亥四化

干	化祿	化權	化科	化忌
丙命	天同	天機	文昌	廉貞
丙運	天同	天機	文昌	廉貞
己年	武曲	貪狼	天梁	文曲

流年福德宮廉貞雙化忌，精神壓力更增。凡看流年，不可以孤立一年來定吉凶。一般情況下要逆推兩三年看前因，再順推兩三年看後果。這是某女士交入新運的第二年，當然要先看二零一八年，然後才好去預計二零一九年的吉凶。前一年福德宮天梁會八點煞，今年再行廉貞雙化忌七殺，自當有福亦難享。

流年命宮被兄弟宮文曲化忌所夾，構成刑忌夾印的劣局。再加上田宅宮又借天機太陰星系，會上流年的文曲化忌，服務機構在去年初見崩壞的基礎上，再來文曲化忌，局面恐難維持！

二零二零年庚子，某女士任期屆滿。

二零二零年庚子四化

干	化祿	化權	化科	化忌
丙命	天同	天機	文昌	廉貞
丙運	天同	天機	文昌	廉貞
庚年	太陽	武曲	天府	天同

天梁對太陽化祿，丙干兩重祿權科會，但天同一忌衝雙祿，吉處藏凶之象。

廉貞雙化忌七殺在父母宮，見流年羊陀照射，當與背後的靠山決裂。

某女士的命格頗有缺點，原本只堪以口舌求財，而不夠當一方領袖。現在得到幸運之神眷顧，登上地區權力寶座。在當事人有幸，卻是黎民百姓的不幸！

某女士的為人，心術不甚端正，善惡視乎平素交遊，與臨事決疑的一念之間。

《孟子．離婁上》：「是以惟仁者，宜在高位，不仁而在高位，是播其惡於眾也。」

不知播惡到幾時！

反正時日無多，讀者只要耐心等候，很快就會知道結果！

附錄：

▲陀羅 天梁㊕ 年解 風閣 天壽 己巳 父母宮 病 指背 太歲 力士	七殺 文昌 祿存 封誥 三台 天空 咸池 庚午 福德宮 衰 咸池 晦氣 博士	▲火星 ▲擎羊 地空 蜚廉 天姚 辛未 田宅宮 帝旺 月煞 喪門 官符	廉貞 文曲㊋ 天鉞 孤辰 八座 天廚 截空 壬申 事業宮 臨官 亡神 貫索 伏兵
天相 紫微 右弼 寡宿 天喜 戊辰 命宮 3-12 死 天煞 病符 青龍	陰男 己巳年七月九日辰時 二四九 晉石崇		龍池 天才 天官 天使 截空 破碎 癸酉 友屬宮 冠帶 將星 官符 大耗
巨門 天機 地劫 天刑 天貴 丁卯 兄弟宮 13-22 墓 災煞 吊客 小耗	命主：武曲 身主：天機 木三局		破軍 左輔 大耗 紅鸞 台輔 ㊉㊉ 月德 旬空 甲戌 遷移宮 63-72 沐浴 攀鞍 小耗 病符
▲鈴星 貪狼㊓ 陰煞 劫煞 天福 天巫 月解 天德 丙寅 夫妻宮 23-32 絕 劫煞 天德 將軍	太陰 太陽 天哭 恩光 丁丑 子女宮 33-42 胎 華蓋 白虎 奏書	天魁 天府 武曲㊒ 龍德 丙子 財帛宮 身宮 43-52 養 息神 龍德 蜚廉	天馬 天同 天月 天虛 天傷 旬空 乙亥 疾厄宮 53-62 長生 歲驛 歲破 喜神

圖四八：晉石崇命盤

（本圖原載《潘國森斗數教程（一）：入門篇）》頁二三三，此為更正版）

<table>
<tr>
<td>祿存
▲火星
天同㊗
封誥 八座 天官
截空 破碎 劫煞
天使 月德
癸巳 疾厄宮
73-82 病
劫煞 小耗 博士</td>
<td>▲擎羊
武曲 天府
天哭 天虛
月解
甲午 財帛宮
死
災煞 歲破 力士</td>
<td>文曲 文昌㊑
太陰 太陽
大耗
龍德
乙未 子女宮
墓
天煞 龍德 青龍</td>
<td>地空
貪狼
蜚廉 天刑
旬空
丙申 夫妻宮
絕
白虎 小耗 指背</td>
</tr>
<tr>
<td>▲陀羅
破軍
陰煞 龍池 天壽
㊀子㊀丑 華蓋 截空
壬辰 遷移宮 身宮
63-72 衰
華蓋 官符 官符</td>
<td colspan="2" rowspan="2">陽男
丙子年十二月十九日卯時
一零三七
宋蘇軾
命主：貪狼
身主：火星
木三局</td>
<td>天鉞
巨門 天機㊔
天喜 台輔 三台
天德 旬空 咸池
丁酉 兄弟宮
胎
咸池 天德 將軍</td>
</tr>
<tr>
<td>左輔
天傷 紅鸞
辛卯 友屬宮
53-62 帝旺
息神 貫索 伏兵</td>
<td>天相 紫微
鳳閣 天才
年解 寡宿
戊戌 命宮
3-12 養
月煞 吊客 奏書</td>
</tr>
<tr>
<td>天馬 地劫
廉貞㊣
天月 孤辰
庚寅 事業宮
43-52 臨官
歲驛 喪門 大耗</td>
<td>▲鈴星
天空
辛丑 田宅宮
33-42 冠帶
攀鞍 晦氣 病符</td>
<td>七殺
天貴 恩光 天福
天廚 天姚
庚子 福德宮
23-32 沐浴
將星 太歲 喜神</td>
<td>右弼 天魁
天梁
天巫
己亥 父母宮
13-22 長生
亡神 病符 蜚廉</td>
</tr>
</table>

圖四九：宋蘇軾命盤

（本圖原載《潘國森斗數教程（一）：入門篇）》頁二三二，此為更正版）

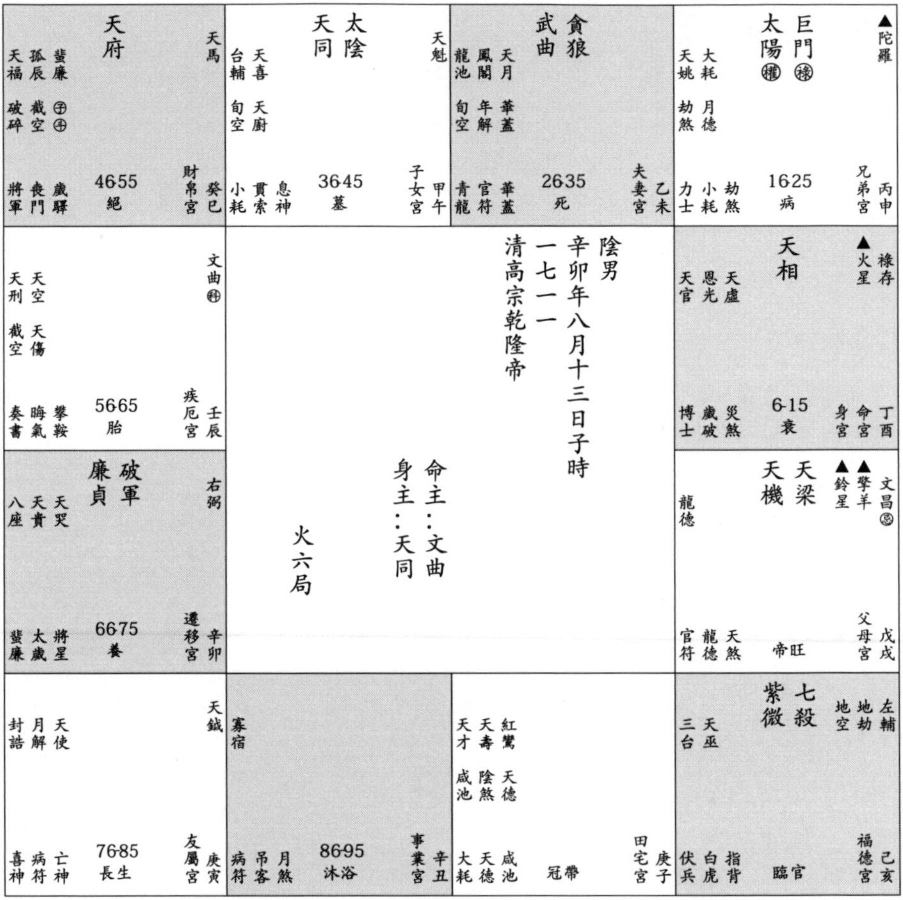

圖五十：清乾隆帝命盤

（本圖原載《潘國森斗數教程（一）：入門篇）》頁八四，此為更正版）

太陰 疾厄宮 癸巳 病	貪狼 天魁 財帛宮 甲午 衰	巨門㊚祿 天同 子女宮 乙未 帝旺	天相 武曲 ▲陀羅 夫妻宮 丙申 臨官
天府 廉貞 文曲㊑ 遷移宮 壬辰 死	二四一年辛酉九月廿五日子時 陰男　曹髦 木三局 命主：文曲 身主：天同		天梁 太陽㊌ 祿存 兄弟宮 丁酉 13-22 冠帶
▲火星 友屬宮 辛卯 墓			七殺 文昌㊎ ▲擎羊 ▲鈴星 命宮 身宮 戊戌 3-12 沐浴
破軍 右弼 天鉞 事業宮 庚寅 絕	田宅宮 辛丑 胎	紫微 左輔 福德宮 庚子 養	天機 天馬 地劫 劫空 父母宮 己亥 長生

圖五一：三國魏主曹髦簡盤（本圖原載《紫微斗數全書古訣辨正》頁一九九，此為更正版）

<table>
<tr>
<td>▲陀羅 △地劫 △地空
巨門
己巳 子女宮
34-43 長生</td>
<td>祿存
天相 廉貞
庚午 夫妻宮
24-33 養</td>
<td>▲擎羊
天梁㊌
辛未 兄弟宮
14-23 胎</td>
<td>天鉞
七殺
壬申 命宮 身宮
4-13 絕</td>
</tr>
<tr>
<td>左輔 文昌 ▲鈴星
貪狼㊓
戊辰 財帛宮
沐浴</td>
<td colspan="2" rowspan="2">一七四九年己巳正月初四午時
陽男　黃景仁
金四局
命主：武曲
身主：天機</td>
<td>▲火星
天同
癸酉 父母宮
墓</td>
</tr>
<tr>
<td>太陰
丁卯 疾厄宮
冠帶</td>
<td>右弼 文曲㊒
武曲㊗
甲戌 福德宮
死</td>
</tr>
<tr>
<td>天府 紫微
丙寅 遷移宮
臨官</td>
<td>天機
丁丑 友屬宮
帝旺</td>
<td>天魁
破軍
丙子 事業宮
衰</td>
<td>天馬
太陽
乙亥 田宅宮
病</td>
</tr>
</table>

圖五十二：清代詩人黃景仁簡盤

（本圖原載《紫微斗數全書古訣辨正》頁二零三，此為更正版）

心一堂術數古籍珍本叢刊　第一輯書目

占筮類			
1	擲地金聲搜精秘訣	心一堂編	沈氏研易樓藏稀見易占秘鈔本
2	卜易拆字秘傳百日通	心一堂編	
3	易占陽宅六十四卦秘斷	心一堂編	火珠林占陽宅風水秘鈔本
星命類			
4	斗數宣微	【民國】王裁珊	民初最重要斗數著述之一；未刪改本
5	斗數觀測錄	【民國】王裁珊	失傳民初斗數重要著作
6	《地星會源》《斗數綱要》合刊	心一堂編	失傳的第三種飛星斗數
7	《斗數秘鈔》《紫微斗數之捷徑》合刊	心一堂編	珍稀「紫微斗數」舊鈔秘本
8	斗數演例	心一堂編	
9	紫微斗數全書（清初刻原本）	題【宋】陳希夷	斗數全書本來面目；有別於錯誤極多的坊本
10-12	鐵板神數（清刻足本）——附秘鈔密碼表	題【宋】邵雍	無錯漏原版 秘鈔密碼表 首次公開！
13-15	蠢子數纏度	題【宋】邵雍	蠢子數連密碼表 打破數百年秘傳 首次公開！
16-19	皇極數	題【宋】邵雍	清鈔孤本附起例及完整密碼表 研究神數必讀！
20-21	邵夫子先天神數	題【宋】邵雍	附手鈔密碼表 研究神數必讀！
22	八刻分經定數（密碼表）	題【宋】邵雍	皇極數另一版本； 附手鈔密碼表
23	新命理探原	【民國】袁樹珊	子平命理必讀教科書！
24-25	袁氏命譜	【民國】袁樹珊	
26	韋氏命學講義	【民國】韋千里	民初二大命理家南袁北韋
27	千里命稿	【民國】韋千里	北韋之命理經典
28	精選命理約言	【民國】韋千里	
29	滴天髓闡微——附李雨田命理初學捷徑	【民國】袁樹珊、李雨田	命理經典未刪改足本
30	段氏白話命學綱要	【民國】段方	民初命理經典最淺白易懂
31	命理用神精華	【民國】王心田	學命理者之寶鏡

32	命學探驪集	【民國】張巢雲	發前人所未發 稀見民初子平命理著作
33	澹園命談	【民國】高澹園	
34	算命一讀通——鴻福齊天	【民國】不空居士、覺先居士合纂	
35	子平玄理	【民國】施惕君	
36	星命風水秘傳百日通	心一堂編	
37	命理大四字金前定	題【晉】鬼谷子王詡	源自元代算命術
38	命理斷語義理源深	心一堂編	稀見清代批命斷語及活套
39－40	文武星案	【明】陸位	失傳四百年《張果星宗》姊妹篇 千多星盤命例　研究命學必備
相術類			
41	新相人學講義	【民國】楊叔和	失傳民初白話文相術書
42	手相學淺說	【民國】黃龍	民初中西結合手相學經典
43	大清相法	心一堂編	重現失傳經典相書
44	相法易知	心一堂編	
45	相法秘傳百日通	心一堂編	
堪輿類			
46	靈城精義箋	【清】沈竹礽	沈氏玄空遺珍 玄空風水必讀
47	地理辨正抉要	【清】沈竹礽	
48	《玄空古義四種通釋》《地理疑義答問》合刊	沈瓞民	
49	《沈氏玄空吹虀室雜存》《玄空捷訣》合刊	【民國】申聽禪	
50	漢鏡齋堪輿小識	【民國】查國珍、沈瓞民	失傳已久的無常派玄空經典
51	堪輿一覽	【清】孫竹田	
52	章仲山挨星秘訣（修定版）	【清】章仲山	章仲山無常派玄空珍秘 門內秘本首次公開 沈竹礽等大師尋覓一生未得之珍本！
53	臨穴指南	【清】章仲山	
54	章仲山宅案附無常派玄空秘要	心一堂編	
55	地理辨正補	【清】朱小鶴	玄空六派蘇州派代表作
56	陽宅覺元氏新書	【清】元祝垚	簡易・有效・神驗之玄空陽宅法
57	地學鐵骨秘　附　吳師青藏命理大易數	【民國】吳師青	釋玄空廣東派地學之秘
58－61	四秘全書十二種（清刻原本）	【清】尹一勺	玄空湘楚派經典本來面目 有別於錯誤極多的坊本

紫微斗數登堂心得：三星秘訣篇——潘國森斗數教程（二）

62	地理辨正補註 附 元空秘旨 天元五歌 玄空精髓 心法秘訣等數種合刊	【民國】胡仲言	貫通易理、巒頭、三元、三合、天星、中醫
63	地理辨正自解	【清】李思白	公開玄空家「分率尺、工部尺、量天尺」之秘
64	許氏地理辨正釋義	【民國】許錦灝	民國易學名家黃元炳力薦
65	地理辨正天玉經內傳要訣圖解	【清】程懷榮	秘訣一語道破，圖文并茂
66	謝氏地理書	【民國】謝復	玄空體用兼備、深入淺出
67	論山水元運易理斷驗、三元氣運說附紫白訣等五種合刊	【宋】吳景鸞等	失傳古本《玄空秘旨》《紫白訣》
68	星卦奧義圖訣	【清】施安仁	三元玄空門內秘笈 清鈔孤本 過去均為必須守秘不能公開秘密 與今天流行飛星法不同
69	三元地學秘傳	【清】何文源	
70	三元玄空挨星四十八局圖說	心一堂編	
71	三元挨星秘訣仙傳	心一堂編	
72	三元地理正傳	心一堂編	
73	三元天心正運	心一堂編	
74	元空紫白陽宅秘旨	心一堂編	
75	玄空挨星秘圖 附 堪輿指迷	心一堂編	
76	姚氏地理辨正圖說 附 地理九星并挨星真訣全圖 秘傳河圖精義等數種合刊	【清】姚文田等	蓮池心法 玄空六法 門內秘鈔本首次公開
77	元空法鑑批點本——附 法鑑口授訣要、秘傳玄空三鑑奧義匯鈔 合刊	【清】曾懷玉等	
78	元空法鑑心法	【清】曾懷玉等	
79	蔣徒傳天玉經補註	【清】項木林、曾懷玉	
80	地理學新義	【民國】俞仁宇撰	揭開連城派風水之秘
81	地理辨正揭隱（足本） 附連城派秘鈔口訣	【民國】王邈達	
82	趙連城傳地理秘訣附雪庵和尚字字金	【明】趙連城	
83	趙連城秘傳楊公地理真訣	【明】趙連城	
84	地理法門全書	仗溪子、芝罘子	巒頭風水，內容簡核、深入淺出
85	地理方外別傳	【清】熙齋上人	巒頭形勢、「望氣」「鑑神」
86	地理輯要	【清】余鵬	集地理經典之精要
87	地理秘珍	【清】錫九氏	巒頭、三合天星，圖文並茂
88	《羅經舉要》附《附三合天機秘訣》	【清】賈長吉	清鈔孤本羅經、三合訣法圖解
89－90	嚴陵張九儀增釋地理琢玉斧巒	【清】張九儀	清初三合風水名家張九儀經典清刻原本！

91	地學形勢摘要	心一堂編	形家秘鈔珍本
92	《平洋地理入門》《巒頭圖解》合刊	【清】盧崇台	平洋水法、形家秘本
93	《鑒水極玄經》《秘授水法》合刊	【唐】司馬頭陀、【清】鮑湘襟	千古之秘，不可妄傳匪人
94	平洋地理闡秘	心一堂編	雲間三元平洋形法秘鈔珍本
95	地經圖說	【清】余九皋	形勢理氣、精繪圖文
96	司馬頭陀地鉗	【唐】司馬頭陀	流傳極稀《地鉗》
97	欽天監地理醒世切要辨論	【清】欽天監	公開清代皇室御用風水真本
三式類			
98-99	大六壬尋源二種	【清】張純照	六壬入門、占課指南
100	六壬教科六壬鑰	【民國】蔣問天	由淺入深，首尾悉備
101	壬課總訣	心一堂編	過去術家不外傳的珍稀六壬術秘鈔本
102	六壬秘斷	心一堂編	
103	大六壬類闡	心一堂編	
104	六壬秘笈——韋千里占卜講義	【民國】韋千里	六壬入門必備
105	壬學述古	【民國】曹仁麟	依法占之，「無不神驗」
106	奇門揭要	心一堂編	集「法奇門」、「術奇門」精要
107	奇門行軍要略	【清】劉文瀾	條理清晰、簡明易用
108	奇門大宗直旨	劉毗	天下孤本 首次公開 虛白廬藏本《秘藏遁甲天機》 奇門不傳之秘 應驗如神
109	奇門三奇干支神應	馮繼明	
110	奇門仙機	題【漢】張子房	
111	奇門心法秘纂	題【漢】韓信（淮陰侯）	
112	奇門廬中闡秘	題【三國】諸葛武侯註	
選擇類			
113-114	儀度六壬選日要訣	【清】張九儀	清初三合風水名家張九儀擇日秘傳
115	天元選擇辨正	【清】一園主人	釋蔣大鴻天元選擇法
其他類			
116	述卜筮星相學	【民國】袁樹珊	民初二大命理家南袁北韋
117-120	中國歷代卜人傳	【民國】袁樹珊	南袁之術數經典

心一堂術數古籍整理叢刊

全本校註增刪卜易	【清】野鶴老人	李凡丁（鼎升）校註
紫微斗數捷覽（明刊孤本）附點校本	傳【宋】陳希夷	馮一、心一堂術數古籍整理小組點校
紫微斗數全書古訣辨正	傳【宋】陳希夷	潘國森辨正
應天歌（修訂版）附格物至言	【宋】郭程撰 傳	莊圓整理
壬竅	【清】無無野人小蘇郎逸	劉浩君校訂
奇門祕覈（臺藏本）	【元】佚名	李鏘濤、鄭同校訂
臨穴指南選註	【清】章仲山 原著	梁國誠選註
皇極經世真詮—國運與世運	【宋】邵雍 原著	李光浦

心一堂當代術數文庫	
增刪卜易之六爻古今分析	愚人
命理學教材（第一級）	段子昱
命理學教材 之 五行論命口訣	段子昱
斗數詳批蔣介石	潘國森
潘國森斗數教程（一）：入門篇	潘國森
紫微斗數登堂心得：三星秘訣篇——潘國森斗數教程（二）	潘國森
紫微斗數不再玄	犂民
玄空風水心得（增訂版）（附流年催旺化煞秘訣）	李泗達
玄空風水心得（二）——沈氏玄空學研究心得（修訂版）附流年飛星佈局	李泗達
廖氏家傳玄命風水學（一）——基礎篇及玄關地命篇	廖民生
廖氏家傳玄命風水學（二）——玄空斗秘篇	廖民生
廖氏家傳玄命風水學（三）——楊公鎮山訣篇附斷驗及調風水	廖民生
廖氏家傳玄命風水學（四）——秘訣篇：些子訣、兩元挨星、擇吉等	廖民生
《象數易——六爻透視：入門及推斷》修訂版	愚人
《象數易——六爻透視：財股兩望》	愚人
《象數易——六爻透視：病在何方》	愚人